少年たちとの日々

人間は鍛えなければいけない時がある

児童自立支援施設の実践

Nishida Tatsuro
西田達朗 著

三学出版

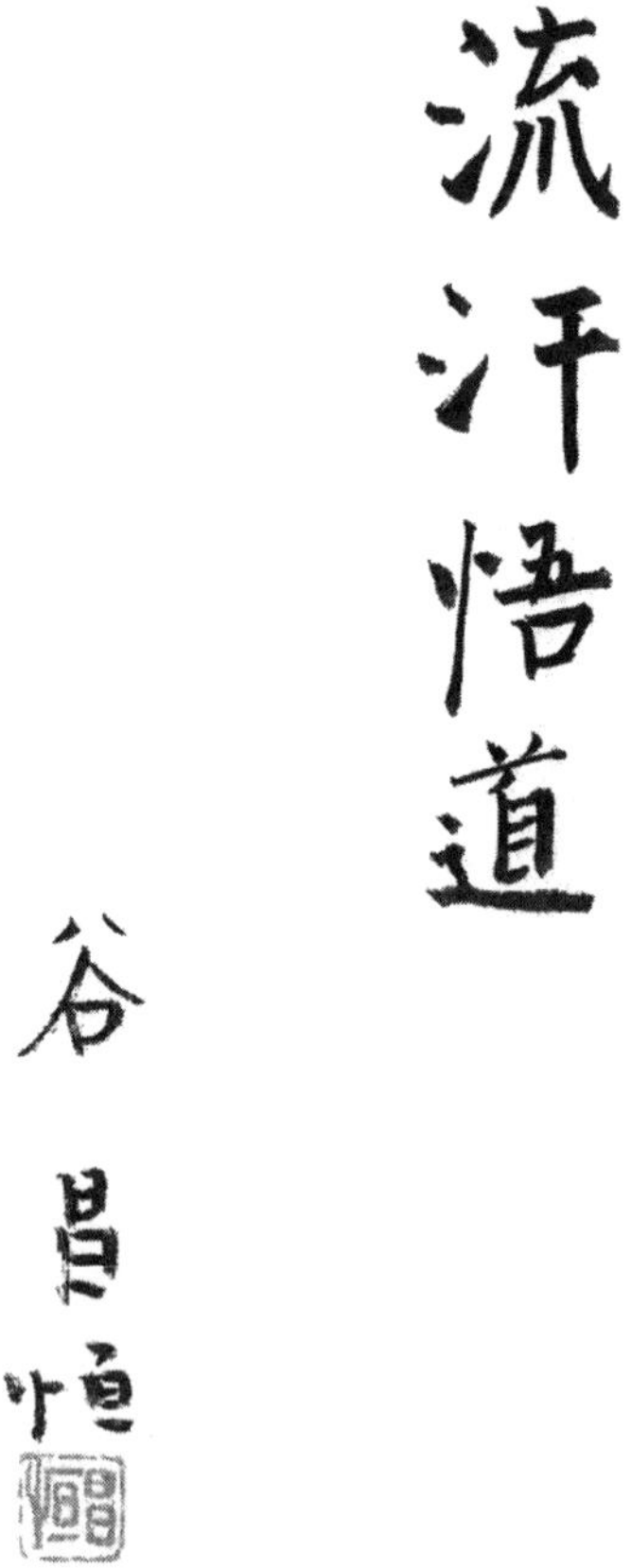

（著者が谷先生に頂いた『ひとむれ』の見返し）

発刊によせて

元北海道家庭学校・酪農部寮長　川口正夫

著者は、昭和四十二年熊本商科大学に入学、充実した生活を送って居られましたが、其の生活の延長線上に、人生を懸けることに疑問を感じ、他に精魂を傾ける仕事は無いかと云う思いが強く成り、熟慮の結果、心ならずも非行に走り道に迷った児童の自立支援に力を注ぐ事こそ、吾が人生と思い立たれました。その後、昭和四十四年、日本福祉大学に編入学、折しも大学の生協に於いて、北海道家庭学校の「教育農場五十年」誌を手にされました。

本書に大きく影響を受け、自分の求める道を見いだした思いで、夏休みを利用して、北海道家庭学校にて二週間の実習をされました。大いに感ずる処あり、昭和四十五年大学を一年間休学して、再度、同校を訪れ、児童と寝食を共に生活され、これこそ人生を懸ける仕事と決意されました。

此の一年の実習に依り、人は大自然より七割、三割は人の力で教化を得ると云う北海道家庭学校の創立者留岡幸助先生の真髄を確信され、其の後の児童教育の基本理念として実践されてきました。

社会福祉法人立の北海道家庭学校は校祖の理念であることから勤労と祈りの日々であり、その志（精神を継承する）をひとつにした職員集団でもあります。

しかしながら公立（各都道府県）の施設運営のなかでは、それぞれの地域性や理念、価値観の違いもあり、著者の実践は困難を極めたのではなかろうかと推察されます。

然し著者の不動の信念はいささかも動ずること無く其の指導方針は敢行されました。

そこには、著者の労苦と共に陰ながら、二人三脚の姿で寮母である奥さんの協力の姿もまた、目に浮かんで参ります。

ともあれ、寮長である先生の、率先して土にまみれる姿が児童の心に無言の感動を与え、自らの手に依り育て収穫を迎えた時に、初めて体得できたものは指導者の幾多の言葉に勝る教訓と成ったと思われます。

それ故、この書は、児童の地道な努力の後に実感する達成感や充実感、喜びといった此の感激がまさに、自立への足掛かりとなったといえる実績の書であります。

一部研究識者の中に、児童自立支援施設内での〈働く教育〉は軽視される如き発言があ

ります が、本書の実績の前に於いて、その論は机上の空論だと思います。

本書は自立支援とは何かとの問いに答える導書と確信致します。

著者は定年退職後も日々作物を作る「流汗悟道」の生活を送って卒業生とのアフターケアにも力を注いで居られます。

北海道家庭学校創立者留岡幸助先生の「一路到白頭」の精神の実践者でもあります。

この仕事を終えて——私を支えたもの

昭和四十五年、私は大学を一年休学して北海道家庭学校で実習を体験しました。そこには、少年の教護に心血を注いで、勤労と祈りに明け暮れる職員たちの生きざまがありました。その出会いは、どのように人生を歩んでいけばよいのかと思い悩んでいる私に、勇気と指標を与えてくれるものとなりました。

北海道家庭学校は、高い理念と実践を掲げていますから、生活目標は高く、厳しく、あやふやな生き方は許さない凛《りん》とした気風がありました。私は二十一歳の未熟な身でありながら、午前中は教科担当、午後からの活動は土木部二班を任されましたが荷が重く、少年たちの教護のプラスになる存在にはなり得ませんでした。青年らしく働き、深い思索をして少年たちを勇気づける、そのような生活ではなかったのです。ぐずぐずと思い悩んでいる姿は、多くの哀しみに満ち、ぎりぎりの中で耐えている少年たちの目に不甲斐無い青年と映ったことでしょう。そのためか、少年たちとの内面の隔たりは遂に衝突となり、くじけそうな悶々とした日々を送っていました。

そんなある日、理事長の留岡清男先生から少年たちと私のかかわりに対して「君、人間は平等だぞ…」との忠告がありました。校長の谷昌恒先生からは語りかけは無く、しかしそっと傍らに来て土木部の作業を手助けしたり何気なく私の手を握りしめてくださることがありました。昭和四十五年の九月の青空がどこまでも広がるある日、ソフトボール大会で少年たちと職員がグラウンドに集合している時、ほんの少しの合間をぬって、谷校長先生がキャッチボールをしてくださったことは、今も強烈な思いとなって心に迫るものがあります。

昭和四十六年二月、一年間の実習を終え、別れのあいさつをさせてもらいました。吹雪が舞う日、本館の玄関口で全員に「神ともにいまして…また会う日まで…」と讃美歌を歌っていただきました。その調べと共に、谷校長が握手の手をさしのべてくださったことが鮮明に脳裏に焼き付いています。留岡清男先生からも「君が苦しんでいたのに何もしてあげられなくてごめんなさい。家庭学校で汗したことを忘れずにがんばりなさい」との優しい言葉に感きわまって涙しました。

生きる感動を教えてくれた北海道での一年でした。以後、この経験は精神的な支えとなりました。そうして、兵庫県立明石学園で十一年、三重県立国児学園で二十四年、そこで学んだ「働く教育」を、少年たちが生きていく上で最も大事なこととして、共に汗を流して実践することができました。とはいえ、それは労することを軽視しがちな公立の施設の中では抵抗感いっぱいの少年たちとの厳しい闘いの日々でもありました。しかし、その結実は、自立した卒業生が表してくれており、共に克服した共感故の再会は長い時を経てもなお、代えがたい喜びとなっています。

かつて、幾度か、苦しい時、辛い時、心の原点である家庭学校に新天地を求めたことがありました。しかし「ゲーテ曰く〈脚下に泉を掘れ〉」と谷校長は現実逃避を戒められました。こうしてお世話になった家庭学校の諸先生方のおかげで又、傍らで私を助け、母親代理として少年たちと長い間一緒に暮らした妻の存在により、この仕事を「一路到白頭」の精神でやりとおすことができたと、今改めて感じています。

平成十六年、北海道家庭学校は創立九十周年を迎えました。その時、記念誌に昭和四十五年に一年間の実習体験を思い起こしながら記述した文章をここで掲載し、私と北海道家庭学校との接点を想像していただければと思います。

「憧れの北海道家庭学校

私が北海道家庭学校で実習生として、一年間お世話になったのが昭和四十五年でした。留岡清男先生が理事長・谷昌恒先生が校長、そして各寮舎は向陽寮（齋藤先生）、楽山寮（森田先生）、平和寮（川口先生）、掬泉寮（渡辺先生）、柏陽寮（平本先生）、石上館（藤田先生）、樹心寮（加藤先生）、酪農部には村上先生、養鶏部には甲田先生と、40代前後の経験も力量も備わり油の乗りきった各職員の体制でした。

今でも、その当時のひとこまひとこまが走馬燈のように蘇ります。二十一歳の、感受性の強い青春時代に体験させてもらったことが、私が後に、この仕事をする上での羅針盤となりました。

創立者留岡幸助先生の家庭的機能を大切にする「小舎夫婦制度」の大切さ、その温かい雰囲気を醸し出す奥さん（家庭学校の寮母の呼称）は日々の食事を献立・調理されていました。母親代理として献身的に立ち働く姿勢は少年達の心を充分に癒していると思いました。三度の食事づくり、日々のこまごました世話、心遣いは大変な日常であったと思われますが、心穏やかに淡々としてこなされているように感じました。

四百三十ヘクタールの大自然の中での生産教育は、少年たちと職員とが共通の汗を流すことにより強い絆が生まれること、そして心身を鍛えることはこれからの少年達の人生の為に必要不可欠であることを認識しました。

午後からの、酪農・蔬菜・園芸・果樹・土木・山林・木工と各部に別れての生産活動は（「流汗悟道」・「暗渠の精神」・「冷暖自知」は家庭学校の教育理念）凛とした実践の時間帯でした。

「この学校は少年達と職員との汗と膏によって創りあげた」ものだと谷昌恒前校長先生が『ひとむれ』

のなかでも記されたように、創立者留岡幸助先生の理念を九〇年間脈々と継続し、信念を貫き通した（感化院～教護院～児童自立支援施設と名称は変更されても）学校であると思います。

　心傷ついた少年たちと、静かに燃えるような情熱の職員との織り成す日々の勤労と祈りの日々は北国の地にあり、ひとつの美しい映像として残ります。

　混迷を深める社会の中に生まれ、躓いた少年たちを、大きく包み込む北海道家庭学校で在り続けてほしいと思います。又、教育の実践現場としてここに本物の学校が存在することをこれからも証明してほしいと思います。」

『北海道家庭学校創立九〇周年記念誌』（北海道家庭学校、平成一六年）より

これが、私の原点たる北海道家庭学校への思い入れです。

家庭学校の理念、実践を目の当たりにし、家庭学校の教育の厳しさ、実践の魂を学ばせてもらいました。そして、この経験が、その後の私の人生を決定付けました。

明石学園では、北海道家庭学校で学んだことを実践したいと思い、果樹園を作るために旧日本館跡地で基礎の土台石、コンクリートを掘り上げ撤去するといった作業から取り組みました。果樹を植え付ける作業より、植え付け前の作業が重労働でありました。少年たちと汗を流したことは忘れられない思い出です。

柿、栗、ミカン、スモモ、グミ、イチジク、ビワなど二五〇本を植樹したこと、赤土で

あり、水はけが悪いので毎年堆肥を入れ、土壌改良のため掘り起こしたこと、時折木陰で休憩を取り、少年たちと寝ころびながら休んだことも思い出されます。心地よい風が吹き抜けるときの感触は今でも忘れません。また、空いている土地をどんどん畑にして作物を栽培しました。

大地を耕し播種し、四季折々の野菜が実ることを体感することにより、少年たちは足腰の強い体力を身につけ、心も安定感を増し、物事をじっくりと思考することができるようになっていったのです。明石学園時代は私たち夫婦も若く、体当たりで少年たちと生活をしていたように思います。

国児学園に転勤してからも、少年たちと共に「労働する」ことを寮舎運営の柱にしました。学園は全国の五八施設の中でも敷地面積は最下位に位置していました。しかし農家の休耕田であった畑をお借りして畑づくりを始めました。雑草が生い茂る大きな土地を前にして少年たちは嘆息し、「これは一年以上かかるなあ」と言ったことを覚えています。しかし、約一か月で開墾して畑となったのです。五〇アールの土地に野菜が作れるようになりました。少年たちの手は鍬を持つためにまめができ、働き者の太く日に焼けた手に変わりました。

汗して労働することは今の少年たちには抵抗感がありますが、日々実践すれば心地よい何かを感じてきます。これが本当の人間のあり方なのだと、顔色も健康そのものとなり明るくなってきた彼らを見てそのように思います。そのことを私も少年たちと共に共感できたことは、私と彼らとの人間関係を育むことに繋がり、それが退園後の関係に繋がっていきました。しかし、日々の生活は少年たちとの闘いでもあります。この働くことの実践をしていく中で、私の心の支柱である北海道家庭学校・第四代校長留岡清男先生の「暗渠の精神」を紹介します。

留岡清男の暗渠《あんきょ》の精神

「家庭学校を見学した多くの人たちは、家庭学校の新芽の青さを見たり、花の美しさを見たり、豊かな実りを見て、みんなが美しいというが、地の底に埋もれている暗渠のおかげだということを見抜く人はきわめてまれである。私たちは静かに、黙々と地の底にいて、新芽を吹きよせ、花を咲かせ、実をみのらせることができればよいのであって、暗渠というものの効用が誇りだと思うのです。私たちは暗渠であることの誇りをもちたいものだと思うのです。これが家庭学校の精神的支柱であると思うからであります。」

『教育農場50年』（留岡清男、岩波書店一九六四）より

北海道家庭学校の牧草地

少年たちと汗して労働する中で、「暗渠の精神」が、実践する上での支柱となりました。難渋する中で少年たちにもこの言葉を流汗悟道と共に語り、汗することの意義を、ことあるごとに語り伝えてきました。

（用語について）「教護院」は平成九年の児童福祉法の改正により施設名称が「児童自立支援施設」になり、「教護」が「児童自立支援専門員」、「教母」が「児童生活支援員」に名称変更されましたが、本書では当時のママにしてあります。

特別寄稿　「北海道家庭学校の暗渠排水工事」

元北海道家庭学校寮長兼酪農部長　川口　正夫

暗渠排水、一般的にあまり聞かれない言葉であるが、道路の両側などに作られている排水溝は「明渠」といわれ地表に露出しているが、「暗渠」は、農耕地など作業障碍にならぬように、地下八〇センチ～一メートルまで溝を掘って、径一〇センチ、長さ三〇センチの素焼き土管を並べ、これに熊笹などを約一〇センチ位覆い、覆土するのである。

さて、その目的は、農耕地の余分な水分を地下に誘導して、作物の成育に快適な条件を作ることである。ただし、この方法は、すべての農地に必要な訳ではなく、泥炭地や重粘土地質の排水の悪い耕地に必要な工事である。

家庭学校の農地は重粘土地で、表土は二〇センチ位、その下に重粘土があり、春の融雪期や雨後に水はけが悪く、蒔付けの遅れ、作物成育の遅れの原因になるので、この悪条件を排除するためには、「暗渠排水工事」は大変有効なのである。

しかし、この工事は、作物収穫後の晩秋から冬期に行うのが一般的で、先ず、土管を覆う熊笹刈りから準備しなければならない。ひと冬に約二〇〇〇メートルの溝に使用する熊

（左、谷校長、　右、筆者川口先生　1972年元旦）

笹は竹質で堅く、これの刈り取りはなかなか容易ではなく、その量も膨大なもので、担当の酪農部職員と数名の生徒では準備できないため、全校生徒と寮長の援助を受けることになった。また、熊笹による長靴の破れが激しく、年に生徒一人一足の貴重な長靴の破損に、寮長はこれの修理に多くの時間と労力を要したが、「教育は胃袋から」との留岡清男校長の方針により、農地を改良し食料増産する目的に向かって、全校一体となって、この工事を完成したのであった。暗渠工事とは、どのような工事であるかといえば、先ず、専門の測量技師によって工事計画図が作成される。

幹線と支線があり（川に例えると本流と支流のようなもので）、幹線は深さ一メートル、支線は八〇センチである。支線と支線の間隔は十五メートルで幹線に対し放射状に耕地全面に掘られるわけであるが、この工事は酪農部職員三名と酪農部中卒生徒数名によって実施された。

積雪前は作業もやり易いが、真冬に入ると積雪一メートル余りとなり除雪から始まるので、体がすっぽり入る中で掘り進める。一日二〇メートル位掘れるところと、八メートル位しか掘れない堅いところもある。規定の深さになれば土管を入れ笹で覆い掘り上げた土を元に戻す。掘削から埋戻しまで、一日一人あたり作業量は一〇メートル位であった。

今にして当時を回顧すれば、職員は職務であるが、中卒といっても十代の少年たちが、日々を喜々として、毎日の作業表を各自ごとに作り、日々測定してその成績を競っており、成果の上位の者は誇らしげであり、作業量の少なかった者は、明日は負けられないぞ等、語り合っている姿は、この少年たちが本校に入る前に社会迷惑を掛けた少年たちであろうか、と思わされるほどでした。まさに「流汗悟道」とはこの姿であると思われた。

土管暗渠の耐用年数は三十年位と記憶していたが、家庭学校の暗渠は、土質が堅いためかその理由は定かでないが、以来五十年後の現在なお、春先や雨後には幹線の出口からきれいな水が勢いよく流れ出ている。

当時の生徒たちも、すでに六十歳を超えている。かの寒い中、喜々として暗渠を掘った強い心、流汗悟道の気持ちは、各々の生徒たちの生きる力となって、強く正しく生活してきたことと思う。

目次

第一章　兵庫県立明石学園十一年の実践から

一　明石学園の生活

明石学園での農の取り組み

学園の敷地面積は九ヘクタールで、全国でもトップクラスの広さを有しています。昭和四十九年六月から男子寮舎の担当となり、寮舎の活動で何に重点を置き取り組ませるのが良いかを検討しました。園内には空き地が点在して寮舎の周りも空き地が広がっていました。

私と少年たちは、空き地に根を張った雑草を根こそぎ抜き、鍬で耕し始めました。土を耕すときには、肩幅よりやや広めの畝幅で、耕しながら進むと、股に合う高さの畝ができ、腰を曲げずに楽な姿勢で、真っ直ぐな畝を作ることができます。そのような方法で耕して

明石学園の果樹園

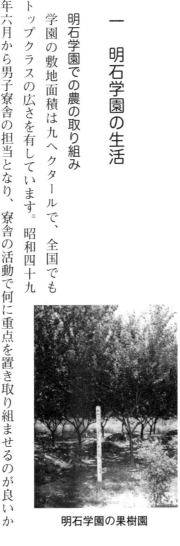

いきました。腰を曲げずに済み、土を掘り起こしながら男性的な方法で耕していきました。次々と空き地を開墾していきました。掘り起こせば大地の生命と土の匂いを感じました。

三年目の秋頃から、働く教育は、少しずつ定着して安定してきました。働くことの動機づけは北海道家庭学校の谷昌恒校長の「ひとむれ」の中で少年たちに語り告げる働くことの意義から学びました。少年たちを得心させるために、「流汗悟道」、「暗渠の精神」を説明して動機付けしました。少年たちが卒業してからも手紙には、必ず流汗悟道と最後に記し励ましてきました。

在職期間十一年間で、我が寮は六十余名の児童を受け入れましたが、その中で半数が家庭裁判所からの送致でした。その頃、教護院では家裁決定の児童が三〇パーセント入所すると施設は崩壊すると云われていましたが、この論からすると、我が寮にはあまりにも多くの家裁決定の児童が入所したことになります。その事実を考えると、汗を流して働くことで自分と向き合い、多くのものを獲得したことが、非行文化に傾倒した少年でも情緒が落ち着いた要因のひとつになったことの証しであると思います。

働く教育をひとつの柱としての係わりは、少年たちの変化をみて、学校の派遣の先生、庶務課の職員からも「先生の寮の生徒は違うな」と、又、児童相談所の職員からも少しずつ評価をしてもらえるようになりました。

労した結実の野菜は、栄養士の松尾真弓さん（昭和五十二〜五十九年）が畑にきて野菜の実りを見定めながら、献立作成をしてもらいました。四季折々の新鮮な野菜を使った給食を学園全体の少年たちは味わいました。

年々地道に取り組むことで野菜のできもよくなっていきました。

又、収穫した野菜は、面会時の保護者、訪ねてきてくれた卒業生の土産として、職場訪問の雇用主さんへのお礼としても活躍し、みんなから喜ばれました。

流汗悟道の実践は、私にとっても少年たちにとっても大切なものを悟ることになりました。

ひとむれ―収穫感謝祭における奨励の言葉―谷昌恒校長（昭和四十四年、ひとむれ第一集）

「私たちは昔、猿蟹合戦の話を聞いて育ちました。両手に余るような大きな握り飯も猿の一時の食欲を満たすにすぎませんでした。小さな柿の種子には生命があり、やがて大きな木となって枝いっぱいの実をならせました。私どもの生産活動こそ、この生命に仕えるものなのです。握り飯と、柿の種子と。私たちはその選択を誤ってはなりません。

猿蟹合戦の教訓の第二は、他人の勤労に寄食するものは亡びるということであります。営々とした蟹の努力の果実を横取りした猿は、仲間たちから、徹底的に袋叩きにあいます。家庭学校の生産活動によって、諸君が自らの勤労の上に自分の生活を立てることを学んでほしいのです」

明石学園でのランニング

私が着任した昭和四十九年当時の学園では、寮舎ごとに朝夕走っていました。私も少年たちと朝は学園の周辺道路を一緒に走っていました。夕方は各自で走っていました。ランニングをすることで心身の爽やかさを求めてのことでした。

例年、地域とのつながりで、学園は明石市民駅伝大会（中学男子の部）、加古郡稲美町駅伝大会(中学男子の部)の大会に向けて、一月から男子全体での練習が行われていました。大会に出場しても一部（陸上競技部）、二部（運動クラブ）と区分けされたものでありましたが約五十チーム中、最後尾に位置する成績でありました。颯爽と走る他校の中学生を見て、何が違うのだろうかと思ったりしていました。

年々、力を入れて取り組みましたが、好成績を上げることはできませんでした。ランニングは少年たちにとってもっとも厭な課題であり、走ることの快感を得ることはできませんでした。駅伝大会参加の服装にしても、通常のランニングシャツに短パン、運動靴での参加であり、大会参加への意欲や動機付けの条件は整っていませんでした。学園の雰囲気もランニングに目標を置いていませんでした。そのため、特に非行性の高い少年たちが嫌う傾向にありました。

しかし、転機がやってきました。昭和五十六年度から近畿教護院駅伝大会が開催されることになり、朝夕のランニングや駅伝大会に向けた練習が学園全体の指導方針のひとつになったのです。

我が寮の少年たちは、日々の畑で培った心身の逞しさがあり、それゆえ秋の運動会での長距離走、冬の園内マラソン大会も常に上位を独占していました。少年たちの積み上げを、実力を、表現の場として教護院の大会で発揮できることが少年たちの喜びとなりました。いつも陽が当たらないことをしていると思っている中で認めてもらえる「大会」があるのです。教護院という小さな世界で認められることが大きな社会への扉を開くことになったのです。

近畿教護院駅伝への参加が契機となり、学園ではユニホーム、上下のウインドブレーカー、ランニングシューズを揃えてくれることになり、少年たちにとって、いっそうの励みとなりました。近畿の教護院は八施設での大会ですが、明石学園の看板を背負ってのことになり、学園の全面的な支援、そして評価に繋がりました。

昭和五十六年度の近畿教護院駅伝大会が開催され、各教護院の児童、職員の前で走れたことは児童にとって大きな喜びとなり圧勝しました。Aチームの六名の選手の編成で、完全優勝（全区間、区間賞）でした。その後も私が転勤するまでの学園は、毎年完全優勝の成績を収めました。

教護院での大会が始まったことで、学園の取り組み姿勢も変わり、何よりも非行性の高い少年たちも関心を示すようになりました。これを機に教育の幅が広がり一つの目標、励みとなっていきました。

明石学園の在籍児童数もグングンと伸び百二十名前後の児童数になっていきました。そのことは駅伝大会に力を注いでいた頃と時を同じくしてのことでありました。（国立武蔵野学院全国運営実態調査からも）

秋の運動会終了後から駅伝はクラブ活動として開始され、練習方法も他校の中学校指導者から学び、技術を高めることを学習しました。練習前のウォーミングアップ、ストレッチ、準備体操、補強等を十分こなした後で、本格的な練習に入りました。ペース走（六キロメートル、ペースを設定して走る）を中心にタイム走は少なくしての練習を強化しました。終了してからのダウン、整理体操もしっかり行いました（練習時間は約一時間半）。今までは練習しさえすれば速くなると素人の考えでしていたために、故障者がよく出ていましたが、グングンとタイムは上がり学園全体の中で選手になりたい、大会で活躍したいとの雰

近畿中学校駅伝大会（昭和五十八年十一月滋賀県希望ヶ丘公園）

囲気がでてきました。「闘魂」の鉢巻を締めて大会に参加したいとの目標がでてきました。

中体連主催では、レベルの高い東播磨地区中学校駅伝大会（明石、三木、小野、加古川市等）で上位（オープン参加）、陸上協会主催の明石市民駅伝大会、稲美町駅伝大会（中学校）で三連覇を果たしました。

昭和五十八年度は県中学校駅伝大会（学園は魚住中学校の分教室として学園から三名、魚住中から三名の合同で）二位、近畿中学校駅伝大会（各県六校出場）では五位となりました。各種ロードレース大会では優勝者もでたり、上位に食い込んだりして活躍をしました。

大会で活躍した少年たちの中から、高校進学を推薦枠でする少年もでてきました。「継続は力なり」を確かな実感として感じることになりました。

大会会場に行くと明石学園のチームに対して声援と称賛等の注目の視線を肌で感じることになりました。

「自分たちでも、やればできる」ことを体験したことは、少年たちの大きな力となりました。当時、新聞の記事は少年たちの活躍の走りを称えて、「力感溢れる走りである」と言及していました。

二　学園で流した汗と涙は一生忘れない　（英典）

ここでの生活が人生を変えるのだから頑張れ（父親より）

（注）「」は英典の日記の一部、□内は教護の語り、《》内は教母の日記の返事の一部、保母先生＝教母の呼称

昭58・1・19

「今日、午前中、少年鑑別所に児童相談所の先生が迎えに来てくれて、僕はこの学園に来ました。最初感じたことは、さすがに広い学校だと思いました。……寮の担当の先生といろいろ話をしてから、寮のみんなに自己紹介をしました。顔を知っている子はいなかったけど、名前を知っている子は何人かいました。……夜、久しぶりに風呂に入りました。気持ち良かったです。そして今、日記を書いて

います。鑑別所に比べたらかなりしんどいけど、自由だし、人と一緒に生活できるということは、何よりも魅力です。僕はこの学園で精一杯がんばります」

《あなたの第一印象、なかなかしんのありそうな感じがします。学園には誰も喜んで入園した子はいません。しかし、どの子も、ここに来なければならない理由がありました。あなたもその理由については知っているでしょう。今までの自分自身をふり返り、どこが良くなかったのか、何が自分に欠けていたのか、これからの自分は何を身につけたり、考えたりして生活すればよいのか…… などと、じっくり考えながら、この厳しい寒さと今までに経験したことのない規則正しい生活を通して、忍耐しつつがんばってほしいと思っています。

今までの自分の考え方を変え、新しい自分を見出すための生活が始まります。……起居を共にする仲間も同じように、苦しみや喜び、淋しさなどを体験してきています。一人ではとてもやっていけないと思うことでも、互いに励まし合い、助け合うことによってなんとかやっていけるものです。あなたに心の強さがあるように見えたそのことに期待し、一日も早く慣れてくれることを願っています》

昭58・1・28

《今のあなたは、本当に辛くて、この現実の生活から逃げてしまいたいという気持ちでしょう。でも負けないでね。今は、その言葉しか言えません。みんな、あなたのように、苦しい時を乗り越えてきたことを忘れないで下さい。……逃げれば負けです。むしろ逃げずに苦しい中でどのように生きていくのかと悩み、考えましょう。苦しみながら、なんとか乗り越えた者には必ず、心の強さや人への優しい思いやりや同情心が身につくものです……》

① 出生

昭58・1・29

「……今日は、お父さんと一時間も話をしました。お父さんのいうには、英典は一番いいところに来たというのです。審判の時、家に帰るか、少年院に送られるか、教護院に送られるかでした。お父さんはこの三つのうちで、ここに来ることが一番いいというのです。僕は少年院に送られるよりは教護院の方が良かったです。だけど審判の時は、家に帰りたかったです。……お父さんは、家を離れてお母さんと離れて、いろいろ考えてみろといいました。僕は確かに十日間で考えが変わってきました。鑑別所にいる時は、あまり深く考えなかったけど、ここに来て、みんながいうように、自分の人生をどうしていくかということです。ここでの一年間以上の生活で生まれ変わるということです……。お父さんは、ここでの生活が人生を変えるのだから逃げずにがんばれ、そして英典の進路を話し合おうといいました。お父さんは面会に月一回来るといいました……」

「……聖書によると、結婚前の男子と女子は交渉してはいけないと書いてありました。もし、子どもができたら子どもがかわいそうだというのです。そして、お母さんのことを考えました。僕のお父さんとお母さんは結婚していないのに僕が生まれました。聖書に書いてあるかわいそうな子どもというのは、僕が見本みたいですね。だけど、僕は一度も自分をかわいそうなどとは思いませんでした。お父さんがいないということは悩みましたけど、お母さんがいたらそれでいいと納得していたからです。だけど、僕はいつか、父親になるのだから、その時は子どもをちゃんとした家庭で、しっかりと育ててやりたいです。

僕が入園するきっかけとなった事件について考えました。僕がS中学校の先生を殴ったのは絶対に良いことではないけれど、悪いとも正直思っておりません。僕は本当に先生のことを憎んでいたし、先生も僕のことを嫌っていました。事件の時も先生の方が僕らに殴りかかってきたし、警察などでは一方的に僕らが殴ったとなっていますが、僕もだいぶ殴られました。先生は最後までうそをついたし、警察に売りました……」

昭58・2・6

「……今日は面会日です。お母さんとおばちゃんとお姉ちゃんが来ていました。思わず、『今日は』とあいさつをしていまい、笑われました。そして十二時から三時間半ほどしゃべることができました。お母さんは、弁当をいっぱい持ってきていて、とてもおいしかったです。そしてS中学校のことについて話しました。S中学校はメチャクチャだそうです。僕が学園に送られたことで、友達が怒り、学校の先生の車やガラスをつぶし、先生に対しても暴力を加えたらしいのです。僕はそのことを聞いて考えさせられました」

《悪いことをしたとは思っていないと日記には記していましたが、結果的にはすごい賠償金のことが大きな問題として上がっています。それにもし、もっとひどいケガか、さらには命を落とすようなことになっていれば、あなたは一生、大きな荷を背負って歩いていかねばならないし、その先生の家族の悲しみをも背負って生きていかなければなりません。どんなことがあっても、たとえあなたの言っていることが事実であっても、結果を誰も認めてくれなければ、あなたは苦しむことになります。……ここで生活するのはなんのためか、何を目標にするのか……と考えてみれば、今はしっかり自分を打ち叩いてがんばらねばならないということに気づくのではないでしょうか。親も子も離れて、じっくり互いのことを考える良い機会と言えるかもしれませんね……》

昭58・2・7

「……僕は先生に生意気な態度を取ってしまいました。自分が何を考えていたのかわかりません。先生が『俺に向かってこい』といった時にハッと気がつきましたが、その時はもう遅かったです。先生に全身で組み伏されたときの痛さを忘れません。もう二度と先生にあんな態度は取りません。先生、どうもすみません。みんなからも注意されました。僕はまだ変な考え方をするようです。いいかげんにしなければいけません……」

今日は、園内マラソン大会の日であった。男子6キロメートル、女子3キロメートルのコースで行われた。

入園間もない本児にとっては、辛くてたまらない行事であり、今朝から目はうつろで、いかにもやる気のない表情であった。大会を前に寮集団に、それなりの力を振りしぼってがんばるよう諭していた時、本児は不本意な顔でまた横柄な態度で私を見つめるので、「向かってこい」と私は言った。入園前、教師を殴り、恐い者知らずの本児は、一瞬向かっていこうと決意した、その瞬間、私は、この学園では通用しないという意味で本児をねじ伏せた。しかし、その後はやり切れない後味の悪さが残った。

《暗く沈み切ったあなたの顔、何だか、必死の力が出てこない英典君。字が乱れて心の不安定さを表わすこの日記。心配していました。でも今日の昼から少し明るくなってきました。何があなたの心に入ったのかな。十三日、お父さんが来られる予定です。

〝よろこびは 束の間のこと
悲しみも また
明るさの中で見れば
ちっぽけな かたまり
…………〟（星野富弘詩集５「風の旅」より）

自分に負けないで耐えることによってのみ生きる喜びは得られます。がんばるのですよ》

② 父の面会——今はお父さんのこと嫌いではありません。今度からお父さんと呼ぶことにします

「風がすごく冷たかったけど、僕はずっと、お父さんと話をしていました。お父さんは僕を見て、『みんなと比べて英典はまだ、タラタラしているように見えるよ』といわれました。『人間は鍛えなければならぬ時がある。英典は、今その時だから、しっかりがんばれ。この間の面会の時と全然変わっていないぞ』といわれました。

今度会う時には、たくましくなって会いたいと思います。

僕の父さんについての考え方は、この学園に来て変わりました。家に居る時は、はっきりいって嫌いでした。だけど、学園に来て本当に僕のことを考えてくれていると思い始めました。今は、お父さんのことは嫌いではありません。そしてまだ一度も一緒に生活したことはないけれど、そんなことは気にせず今度から、会った時はお父さんと呼ぶことにします……」

昭58・4・29父親面会

「……午後にお父さんが面会に来てくれました。お父さんは先生と長い間、話をしていました。途中で、先生の部屋でお父さんと話ができました。僕が今思っていることや生活態度について話しました。先生と話したことをお父さんは一つ二つ話してくれました。僕がお母さんやおばさんに甘えている……確かにそうかもしれません。テキパキと動かず顔が暗い……そのとおりです。一つ一つ胸にガーンときました。お父さんは最後に『人間は鍛えなくてはいけない時があるのだから、男だったらがんばれ』といってくれました。僕はそれに、『大丈夫』と答えました……」

③流汗悟道

昭58・6・26姉来園

「……お姉ちゃんが来ました。お姉さんは変わってしまって……僕をおじいちゃんの法事に連れてゆくというのです。前のお姉さんとは全く変わってしまって、話の一つ一つが何かおかしかったです。……僕の小さい時の写真と数珠を持ってきて、何かとりとめのないことを一生懸命話していました。先生、保母先生、姉、僕の四人で話しました。僕を七月三日の法事に連れてゆくということです。でもそれはできないことです。……そしてお母さんのことを聞きました。今、お母さんは飲んだくれているようです。……姉、母のこと、何か複雑な気分ですが、僕ががんばればいいのです。そうすれば、少しは安心して前の姉、前のお母さんに戻ってくれると思います」

《昨夕、お姉さんが帰られてすぐ、叔母さんから電話がありました。法事に帰れないことに対しては、英典君自身の言葉を伝えたら、あまり不服は言われませんでしたが、帰してほしかったようです。それから、私が、『今英典君は自分自身と闘っています』と言いますと、『何を闘うんですか。なんで考えを変える必要があるんですか。あの子は萎縮してしまって、全く以前の明るさはなくなり、面会に行くたびに驚いています。毎日、闘うとか、記録が出ないとか言うから、萎縮してしまって出る力もなくなってしまっているのです。私たちの知らない所で、何をされているのか、何が起きているのかと思いますね』と半分怒りの気持ちで言われたと思います。

これを聞いた時、私は一瞬、声も出なくなってしまいましたが、この答えは、英典君がどれほど出してくれるだろうか。夏休みまでに今のあなたがもっと成長して、きちんと答えてくれるようになってほしいと思いました。と同時に、あまりにもここであなたたちに期待していることと、あなたが帰る所の方たちの考えが違っていて、なんとも、理解していただくには、あまりにも遠く離れているような、そんな淋しい、悲しい気持ちになりました。とにかく、私たちの直接の対象はあなたですから、あなたが先生や私の気持ちを、どこまで理解し応えようとしてくれるかが要のようですね。……親を納得させるには、あなたが明るく一生懸命、自分の成長めざしてがんばっている姿を見せてあげることしかないのではないでしょうか……》

昭58・6・27

「保母先生が書かれていること、よくわかります。……僕は、いろいろ悩んでいます。僕ががんばって明るく、何をするにも全力で取り組んでいけるようになれば、おばちゃんの考えや思っていることも変わってくるでしょうか。もし、そうであるならば、僕は本当にお母さん、家の人のためにがんばります。今情けない姿でいるから、家の人が心配するのです。がんばってたくましくなり、安心させれば、考え方も変わってくると思います。僕が本当に立ち直るために、一生懸命生活していることをわかってもらえると思います……」

昭58・6・29

「……農作業の休憩の時、先生に怒られました。僕の学級の女子が、僕たちの出している野菜に『まずい』と文句を言っているのを僕は何もいわず、黙って聞いていたからです。本当はすごく言い返してやりたかったのです。『僕たちが一生懸命、汗を流して作っているんだぞ』って。でも、いえなかったんです。何故だかわかりませんが。けれど、今度からは、そんなことを聞いたら、絶対に胸を張って言い返してやります。『僕たちが作ってるんだぞ』って。僕は自分達が出した野菜が出ることを楽しみにしています。今日の晩ごはんには、朝出したレタス、きゅうり、なすが出ていました。明日は何が出るのだろうと思っています……」

> 暑い中、畑作業をして夏野菜を作っているが、その収穫物は給食棟に出して、生徒の献立に組みこまれている（栄養士が献立を立てる際、予め畑に来て、収穫野菜を観察して献立作成に役立ててもらっている）。少年たちが汗して労することが彼らにとって成長に寄与する、価値ある事という確信を持っているからである。流汗悟道の精神である。

昭58・8・5

《あなたがU君に対してB市に帰るのは絶対反対と言っているように、環境や交わる友がいかに自分に影響を及ぼすかをあなたも少なからず感じているようですね。そのとおりなのです。ですからU君や他の寮生もあなたが帰省することをとても心配していました。今のあなたには、その不安や心配をくつがえすものは何もありません。しかし、帰省できたとしたら、それが終わった後、あなたがどんな人間か実証することになります。

お父さんは男ですから、冷静にあなたのことを見、一番良い道を考えておられます。仕事を調整し、あなたのために休暇を過ごそうと努力して下さっています。どうか、約束を守って、お父さんとじっくり話し合ってきて下さい。明後日、先生はあなたの家に話し合いに行かれます。それほどあなたのこれからを考え、中途半端でこの生活を終わらせたくはないのです。先生の気持ちも忘れてはいけませんよ。心から、将来、良い生活をしたいと願っているなら、この生活も頑張れるし帰省しても戻ってこれると思います。しかし目先の楽だけを求めるなら、戻っては来れないでしょう。『そんな情けない男ではないと信じています』とお父さんは言われました。お父さんの気持ちに応えられるでしょうか》

昭58・９・６

「……今日は午後から作業です。三時頃から畑の畝作りをしました。プールに入っていたので体はだるかったですが、畝を作り出すと調子が出てきて、がんばることができました。果樹園の方へは少しだけ行きましたが、いちじくの実がたくさんなっていました。ビックリしました。寮に持って帰ってきたので食べるのが楽しみです……」

今は、秋野菜の種まき植えつけに忙しい日々である。水かけをしたり、畑の土台作りをしたりして、野菜が芽を出し生育する過程を見ることは、育てるということを肌で感じる貴重な体験である。

果樹園も、栗・ミカン・柿・いちじく・ビワ・スモモ・グミ……等を植えつけ、果樹園の管理も少年達と共にしている。果樹も毎年、グングンと大きくなり、それぞれの樹木に実がなるようになってきた。労した後に実がなる。

昭58・9・12
《一、あなたは自分の生き方において、何を願い、何を求めていますか。
二、それは何故ですか。
三、立ち直るとは一体、どうなることなのでしょうか。
四、今、先生や私に一番わかってほしいこと、それは何ですか》
「保母先生の質問に答えます。……現在の生き方に願い求めていることは、ここでの生活に本当の意味で打ち克って生活していきたいということです。そして将来、ちゃんとした大人になりたいのです。……僕は、少年院に入ったり、大人になってヤクザなんかにはぜったいなりたくないからです。社会で、はみ出したことをしてこの学園に来ましたが、本当に思っていることは、もうこういう所へ行きたくないという気持ちです。……立ち直るということは、がんばって生活することだと思います。

今、先生や保母先生に一番わかってもらいたいことは、いいかげんに生活しようとは思っていません。本当です……」

10月の運動会に向けて9月の中旬より（午後1時より）練習が開始された。本児も秋の訪れと共に一つ山を乗り越えた感があり、落ち着きが増してきた。笑顔が見られるようになり、少しずつ主体的に生活できるようになってきた。辛くてたまらないという精神的弱さを、また肉体的弱さを克服した時、一まわりも二まわりもたくましく、生活できるようになる。

昭58・10・3
「……午後、僕たちが白組の絵の立て看板をグラウンドに取り付けました。横七メートル、縦十メートルの絵を取りつけました。絵の方はHとFが仕上げました。絵は『黒部の太陽』でトンネルを掘って作業をしているところです。その横に言葉が書かれてあり、〝少年達よ、学園で流した汗と涙を忘れるな〟すごくいい言葉だと思います。僕は、この言葉は一生忘れられないと思っています……」

昭58年10月5日 運動会
本児は、紅組の代表となり、各種目にがんばることができた。母親も叔母も、本児の明るい笑顔と活躍に得心がいったようであり、明るい一日となった。

昭58・10・5
《……綱引きは紅組の先頭に立ってあなたの一家が活躍されていました。すごい一致団結に思わず、ほほえましく、笑えてきました。良い一日でした。あなたががんばったからですよ。これからも、このことを忘れず頑張れ》

昭58年10月12日～15日 中3生修学旅行

修学旅行は、中3生が行くということが原則である。昨年9月に入園したFが昭和58年度高校進学希望のため、1年間留年という形をとったので、再度修学旅行に行く資格はあるが、代わりに本児が参加することになった。修学旅行は九州方面であったが、学園での生活態度とほぼ変わりなく生活できたようだ。女子生徒から何度も誘いがあったようだが、男まえの本児は無視しつづけたとのことであった。

Uが抜けた後の寮の中心は、本児がならなければならないので、少し力強さには欠けるが、本児なりにがんばった。何故か、ふとした時、暗く沈みがちな傾向の強い本児であった。当時、寮生13名であった。

④ 非行の原因――自分の弱さにあったんじゃないか、と思うようになりました……

昭和58・12・12

「……僕の非行の原因は親にあるみたいですが、自分さえしっかりしていれば非行になんて走らなかったと思っています。僕が友達だった子に何人も、ひとり親しかいない子がいます。でも、その子らはグレなく、まじめに学校生活を送っていました。だから、非行の原因は自分の心の弱さにあったんじゃないかと思うようになりました。今では本当に、あの時のことについて反省しています。二度と同じあやまちをおかしたくないです……」

昭59・1・24

「今日、昼前に新入生が入園してきました。中学二年生にしては、体がすごく大きく、身長なんか僕と変わらないくらいです。かなりつっぱっているように思います。新入生当時は誰でもそうですが、学園の生活というものがわからなくて、学園をなめているみたいです。寮の雰囲気が悪ければ、必ず逃げ出すと思います……本当に十五人もの寮生をかかえては、先生や保母先生もそれだけ苦労が多くなるのですから、その何十分の一でもいいです。助けとなれるだけの生活をしていきたいです。先生、がんばります……」

《まずは、温かくしっかり新入生の心を受けとめてやりたいものです。そして、しっかり人の心のつながりを保つ努力をして、厳しくしてもおそくありません。注意して逃げないよう守ってやりましょう。あなたが言葉と手本で教えてやるなら、きっと落ちついて、やろうと思えるようになりますよ。一人一人が自分のことでいっぱいになっていれば、無断外出が又起きてしまいます。思いと考えを一致させるようリーダーシップをとってがんばってほしいものです……》

昭59・２・10
「四時頃、ベッドに入ったのですが、眠られず、ずっと考えこんでいました。保母先生が話された、良い寮を作り上げることなんかとてもできないと思っていたのです。僕にはそんな力は無いのです。できる限りの努力を試みてやっていくつもりですが自信はありません。でも絶対に、今までのような間違ったことは二度とやらないし、やらせません。約束します……」

《あなたたちリーダーシップをとれる者が公正で表裏なく、弱い者に温かさを示そうと努力すれば、みんな明るくなるのだと思います。なんでも僕たちの責任にする、と言いますか？　良きにしろ悪しきにしろ、他の者に及ぼす影響力は大なのですから、当然です。あなたが反省していることについては、他の者もみんな間違っていたと反省していますよ。これからのあなたたちの態度が、その反省の気持ちを証すように……》

「寮生が十五名いる中で、誰もが不満を持たず生活していくということは、本当に難しいことだと僕は思います。そうでなければいけないのですが、一人でもわがままや自分さえよければ良いという考えが頭にあれば、それはできないことです。……リーダーシップをとろうとしている者が正しくなければ、寮はまとまっていきません。……表裏なく生活し、みんなにも良い影響が与えられるよう生活していきたいです。……今日は、市民駅伝大会でAチームは実力どおりの力を出し、優勝しました。応援には、K君、A君、M君、I君、T君それにUが来てくれました。……今日は駅伝、卒業生の応援……とたのしい一日でした。僕も卒業生のように笑って遊びに来れるよう卒業後の生活をちゃんとがんばらなければ……と強く思う一日でした……」

⑤卒業

昭59・3・12

《とても明るい顔でした。あんな顔、今まで見たことあったかなぁ……？　今の気持ち意欲を三年間持ち続けることができたらすばらしい。〝初心忘るべからず〟でがんばっていかなくちゃぁ……。ここでの生活も残すところわずかとなりました。有終の美を飾れるようがんばって最後まで仲間のために

尽くしましょう……》

昭59・4・1
《いよいよ、明日は卒園の日となりました。昨年の一月から一年と三か月の生活はあなたにとって本当に忍耐や辛抱強さ、努力のいる日々でしたね。無断外出もしないでがんばって、やっと卒園の日を迎えました。一年三か月というと、それほど長い月日ではありませんが、あなたにとっては苦しく辛い、生まれて初めての経験でしたね。…… 〝人間はみな自分のまいたものを刈り取ることになる〟という真理を心において、高校に行ってもひたすらがんばり続け、さらに成長しつづけていって下さい。ここで学んできた、人としての生きる道を、これから全うしようとがんばるなら、高校においても本当に必要な存在となっていくことができるだろうと、先生も期待しておられます。あなたはいつも自分は精一杯がんばっていると言っていましたね。本当にそうであったかどうかが、これからの生活で表われるでしょう。……先生や私にとって最大の喜びは、あなたがこれからの人生をしっかり歩んでくれることなのです……》

（『俺たちの少年期』より）

あの一年三ヶ月が僕の基盤

あのままでは僕の人生は無茶苦茶だったでしょう　英典29歳

過保護の中で育った

僕はひとり親家庭で育ちました。父親はいましたが、父には別の家庭があり、いわゆる〝愛人の子〟

というのが、僕の立場だと思います。

小学校の低学年までは、月に1～2回たずねてくる親父に「お父さん、お父さん」と甘え、公園などでキャッチボールなどして遊んでもらっていました。親父もたまにしか会えないからでしょうか、しかられた記憶もなく僕の事をよくかわいがってくれました。

母との生活も、母は仕事をしていたので、僕は近くの母の親せきの家にあずけられ、年の近い、いとこの子とおばちゃんにめんどうを見てもらい、母ともたまに休みの日しか一緒に過ごせないので母は僕の事をでき愛し、何をしてもおこらず、かわいがり、典型的な過保護の中で、育ちました。

小学校の3～4年生の頃でした。

母に男の人ができ、その男の人と3人でくらす事になりました。それまでボロの文化住宅に住んでいましたが、新築のマンションに引っこし、電話もついて、おふろもあり、子供心にうれしかったのを覚えています。Mという名のその男の人と母がどこで知合い、どうなったのか、その当時は考えた事もなく、「おっちゃん」と呼んで、慕っていました。「おっちゃん」も、ものすごく僕の事をかわいがってくれたのを記憶しています。

小学校卒業までは、別になんの問題も起こす事なく、まわりのみんなに愛され、多少わがままではありましたが、勉強の方も上位で、ごく普通に育っていたと思います。

中学でいっぱしの不良に
中学校に入学し、少しずつ僕自身が、変わり始めました。初めのうちは、服装が派手になり、夜遊びするという程度だったのですが、だんだんとエスカレートして、タバコをすったり授業をさぼったりと、気の合う仲間と非行に走り出したのです。

母やMさんとの会話も少なくなり、僕の事が原因なのかどうかは、今でもわからないのですが、中学2年の夏ごろ母とMさんが別れる事になり、昔のように僕と母との2人の生活にもどりました。

Mさんと母と3人で過ごしている期間約6年間は、親父と会う事がありませんでした。

その頃僕は、金パツで、もういっぱしの不良少年で、母をよく困らせていました。だれの言う事も聞かず、タバコ、シンナー、暴力事件、校内暴力、カツアゲなど、好きほうだいで暴れていました。警察にもつかまり何度も補導され、そのたびに、母にめいわくをかけていたのを覚えています。

中学3年になった頃、母が連絡したのでしょう、親父が家にきました。

数年ぶりに会うのですが、僕は顔を合わすのがいやで、逃げるように出ていき、親父はおいかけてきましたが、「なんやおっさん、なにしにきたんや」と、すごんで、話し合う事はありませんでした。

正直な気持ちとしては、なつかしくうれしかったのですが、てれくささもあり、変わりはてている自分の姿を見せるのがはずかしくもあり、逃げ出しました。

僕と会っていなかった数年間も、母への金銭的な援助は、あったようです。僕の事も電話でよくたずね、心配してくれていたそうです。でもその当時の僕は、そんな親父の気持ち、母の気持ちなど、少しも理解する事はできず、考える事ができませんでした。僕の生活態度は日に日にみだれて、いろんな事件で警察に捕まりました。

裁判所へも呼び出されるようになり、調査官や、警察の人から、このままでは少年院へ送る事になると言われていました。それでも僕は、あらためる事なく、好きな事をしていました。

あの当時の事を思い出すと、自分の気に入らない事はなんでも暴力で解決していました。

気にいらない生徒や先生など、なにくそインネンをつけて、なぐっていました。ただただ、自分の感情のみで行動していたのです。だれしも、勉強するより遊ぶ方が好きでしょう。気にいらなければ気にいるように自分の思いどおりにしたいと思うはずです。それを僕は、思いどおりにしていました。体が大きく、うでっぷしも強かったのでできたのでしょうが。

「ガマンする心」というものがないので無茶苦茶です。人からどう言って非難されてもしかたがない程だったでしょう。警察や調査官などから、何度注意されても、なんとも思っていませんでした。

校内暴力事件で逮捕状

中3の12月のことです。

それまでは学校の先生に対してなぐるといっても一発二発だったのが、その時は、それで止まらず、大ケガさせてしまいました。グループ10人ぐらいで職員室に乱入して暴れたのです。警察が大ぜい来て、学校中が騒然となりました。

その時、まだ事の重大さがわからず、僕は仲間数人と逃げ出し、おもしろ半分に新聞社へ電話したりしていました。

「○○中学（電話では実名）で校内暴力事件があったようです」などと言って、みんなで笑っていました。家にも帰らず、事件を起こした仲間数人と一晩中遊んでいました。

あくる日の新聞に大きくのっている事件の記事を見て初めて、ことの重大さがわかりました。何度も、もうあとがないと注意されていたので、自分のしでかした事というのがどういう事なのか。これからどうなるのか、という事を考えると、ものすごく不安になりました。仲間数人と相談して、逮捕状が出ているだろうから、家や学校には寄りつかないようにして逃げるだけ逃げようという事になり、僕も、他の学校の友達の家や、深夜映画館などを泊まり歩きました。

１週間ほどたった時には、事件を起こした僕以外の仲間は全員捕まっていました。10人中、６人が鑑別所へ送られていました。僕もいつまでも逃げていてもしかたがないので、かんねんして家に帰りました。

母が、とても心配していて、ものすごくおこられました。なんだか申し訳なくなり、初めて母にあやまり、母と相談して明くる日に警察に出頭し、鑑別所に送られました。


審判で「教護院送致」

鑑別所での毎日は、たまらなく不安でした。少年院へ送られるのか、それとも家に帰れるのか、毎日その事ばかり考えていました。母の面会の時には、泣いている母を見て、僕もなみだがこぼれそうになり、ガマンしていたのを覚えています。親せきのおばちゃんもきてくれたり、親父も来てくれました。しかし面会時間が短く、いつもたいした話も出来ずに終わっていました。

親父とも、「元気にやっているか」などの会話しか覚えていません。

毎日が不安でたまりませんでした。

つかまったのが最後でしたから、仲間の審判でも、僕がいちばん最後でした。仲間の処分は、６人中４人が保護観察で、２人が教護院送致でした。

僕は帰れるのか少年院なのかと考えていたのですが、教護院に２人も送られているのに、事件の首謀者である自分が帰れるわけがありません。僕は、審判が近づくにつれて、あきらめの気持ちでだんだんヤケぎみになっていました。

審判の日、母、親せきのおばちゃん、それに親父もきてくれました。

それぞれみんな、なんとか僕をつれて帰ろうと働きかけてくれ、審判は1時間以上かかりました。あの時は「ひょっとしたら帰れるかも」と思いましたが、今思えば、あれは少年院か教護院かの判断だったのでしょう。「教護院送致」と裁判官から言われた時は、目の前がまっくらになり、つれていかれようとした時に、大暴れして、ひきずられてつれていかれたのを覚えています。

こうして教護院に送られ、西田達朗先生に出会えなければ、今の自分はないわけですから、あの審判は、今になって思えば、僕の人生の中で、ものすごくラッキーだったのでしょう。

真剣に怒ってくれた人

教護院では、西田先生にいろんな意味で〝たたきのめされ〟ました。こんな言い方をすれば、聞こえは悪いし、誤解されると困るのですが、〝体罰〟のことを言っているのではありません。僕は小さな時から大人から、真剣におこられた事がなく、まして、なぐられた事など一度もなかったのです。中学生になって、体が大きくなってからは、よけいにしまつがおえず、こわいもの知らずで好きほうだいやっていた自分でしたから、西田先生という人は、僕の中でとても強烈な存在感をおぼえる人でした。生活態度も悪く、いきなり今まですきにやっていた自分から、人のいやがる事、つらい事をやらねばならないのです。なかなか生活についていけず、先生には本当によくしかられました。

でも、あの時はつらくて、かなしかったけれども、今は、西田先生、保母先生には深く感謝しています。親父との関係というものも教護院から生まれました。よく面会にきてくれ、夏の帰省などは、親父がついてくるという条件で帰され一緒に過ごしました。

1年3ヶ月あまりの教護院での生活でしたが、当時はつらく、しんどかったですけれど、今はよき思い出です。

西田先生に対しては、在園中も卒業してからもしばらくは、まだ先生の気持ちや思いなどは、僕はわかりませんでした。

ただ卒業後、1年に一度は、先生に会いにいっていたのも、卒業式の前日に先生から「英典は少年院にいくだろう」と言われたのがくやしく「俺はシャバにいてる」と言う事を報告にいっているという気持ちが、2~3年は、ありました。

先生自身も卒業してから2~3年は、僕のことを見て、まだまだと思っていたでしょうが、4年5年たってからは僕の事をだんだん認めてくださり、一緒に酒を飲んで、いろんな意味で、いい話が出きるようになったと思います。

10年以上たった今でも、西田先生に会うと緊張している自分ですが、西田先生の存在は、僕の中で今までの人生、これからの人生の中でも、いちばん影響があった、こわい先生としていてほしいです。またこれからも、またいろいろ先生には教えていただきたく思っています。

父との関係も教護院から

先に書いたように、親父との関係というものも教護院で生まれました。

卒業後、母のもとを離れて一人ぐらししている時に、金銭的にも助けてくれてよく家にきてくれて、いろんな話をしました。仕事を紹介してくれた事もあり、うつうつしかけている時には、一緒に西田先生に会いにいったりなど、いろんな事で助けてくれ、協力してくれました。

小さな時のように「お父さん」と呼ぶことは出来ずに、○○さん、と名字で呼んでいましたが、一緒にいるときは、甘え、親子らしく過ごしていたと思います。

僕は21歳の時に結婚して長男が生まれました。仕事の方も、建築業で独立してなんとか生活していけるようになり、親父にも卒業後何度かめいわくかけましたが、自分でやっていけるようになりました。

それから現在まで、2～3ヶ月に1回電話で話したり、半年に一度食事したりしていましたが、親父も年で、体の調子があまりよくなく、去年亡くなりました。

半年間ほど連絡がなく気になっていましたが、別の家庭がある人ですから僕から連絡するわけにもいかず、知人にたのみ、家に電話してもらってわかりました。

今年の4月の事です。亡くなって4ヶ月もたっていました。

一度もひとつ屋根の下で生活した事がない親父でしたが、ものすごく悲しかったです。

今思う事は、最後にもう一度会って話をしたかったと強く思います。

めいわくのかけどおしで、やっとなんとか人なみにやれるようになったのに。死に目にも会えず、残念でしかたありません。やりきれない思いが今も残っています。

最後に、今までの自分の事をふりかえると、僕はいろんな人に愛され、助けられてきたのだなとつくづく思います。

母や親父はもちろん、親せきのみんなや現在の仕事仲間や、いろんな人が助けてくれています。まちがえた感情だけで、好きほうだいやっていたあの頃、あのままでは僕の人生は無茶苦茶だったでしょう。

教護院での西田先生との出会い、あの教護院での1年3ヶ月の生活というのが、今の生活の基盤に

なっています。あの時の不安や、つらかった事にくらべれば、これからなにがあってもヤケクソにはならず、前むきにやっていけると思います。

英典のこと

西田達朗

中三の昭和五十八年一月から昭和五十九年三月まで在園（義務教育修了後、一年間、中卒生として在園する）。

私は本人に厳しく指導する。保母は、英典の心根を信じていた。退園後は、父親と彼が何度か来園してきた。年を増す毎に次第に落ち着き、安定してきた。「英典は少年院に行くぞ」は私の逆説であり、この生活を忘れるな、負けるなよ、の言葉であった。

父親との関係は、教護院入園後、絆が強まった。父親は国立有名大学卒、仕事でも、社会的に重要なポストを全うされた人である。その父親の資質を彼は合わせ持っている。数年後結婚。若くして建築業で自営独立している。

まだこんなものではないぞと彼は思っているだろうし、私もそう思っている。英典は汗を流し、重労働しながら、手に職をつけたことが良かったのだ。楽な生き方、楽なお金の儲け方を選ばなかったことに対して拍手を送りたい。多くの辛い体験と悲しみに触れた人間は、強くドッシリとしている。

彼は現在二十九歳、これからである。

英典のその後

英典の文章は平成八年の記述である（月刊誌『少年育成』）。その後十九年が経過したが、本人とも母親とも今年になり、何度か交信した。仕事と家庭を両立しての安定した人生を送っているとの事である。

三　事後指導について（少年達との闘いの日々）

——昭和五十七年夏休みの出来事

（昭和五十八年度『非行問題』No１８６、一部抜粋）

昭和五十七年七月二十日　第一学期終業式。

七月二十一日、夏休み日課開始。

七月二十一日、退園生への手紙。自由時間、自習時間を利用して、今春退園した五名に、学園の様子、寮の状況…等を書き、激励の手紙を書くよう指示する。それぞれ思いを込めて真剣に記していた。在園中は更生を誓い己れの弱さと闘って生活し、退園の日、感激のあまり涙を流しながら巣立っても、いざ社会の中に出ると多くの世の誘惑、悪に負けそうになることを知っているだけに在園生にとって退園生が頑張っていることが励みになる。

そのためにも事後指導は教護の一番大切なことである。

七月二五日、退園生の動向、宏の実父よりTEL。昭和五十五年二月、学園就職斡旋で住み込み就職し、現在も続いている孝一。昭和五十五年四月、大阪デザイナー学院に進学し二年間の期間を終え卒業した宏、昭和五十五年九月、学園就職斡旋で住み込み就職し、半年しか続かず辞め、職を転々としている浩、昭和五十六年二月、孝一の勤めている会社に就職したが半年もたたないうちに就労態度不良で解雇となった義一の四名が土曜日曜になると尼崎に集まり遊んでいるとのこと。本児等を説得してほしい、尼崎まで来てほしい口ぶりであるがこの四名には、退園後、自分の願いは言い伝えてあるので今回は父親の話を聞くことだけにする。一日の日課も終了し、やっと静かになり、ゆったりとしたひとときを持とうと思うと夜は保護者からの電話相談が多く、一日の忙しい平静になれない生活に止どめを刺すような電話の内容が多く、静かな夜は過ごせない。

七月二十九日、退園生寛の実父母来園。中三生の十二月、入園。義務教育終了後、一年間中卒者として在園し、今春、高校に入学したのであるが、雰囲気が合わないのか、本児の耐性不足か、学校を退校することを強く望み、保護者を困らす度、連絡あり。私が説得に行くことにより何とか一学期は過ごした。父親は製菓会社を経営していたが、挫折を味わったのか、心に期するものがあったのか、宗教の道へ進んだ。会社の経宮、家すべてを教会へ布施し、信者となったのである。それ以後本児は荒れ狂うようになり、非行へと益々陥っていった。

学園での本児の生活ぶりに比し、高校入学後の生活に安心を見いだせず、こうして何度も人生経験の浅い私に頼ってくるのである。八月六日に夏休みの帰省で帰郷する。暴力をふるうのではないか、家出をするのではないか、単車を乗り回すのではないかと不安一杯のようであり、夕方六時より十一時まで私は黙って二人の会話を聞くだけである。親と子がもっとぶつかり合わなければいけないこと、話し合わなければならないこと、私が教護した上で本児にどれだけ生きる力を身につけさせたかの疑問、一年四ヶ月在園したにもかかわらず、安定した生活ができない寛の精神的弱さに腹立たしさを覚えながら、何かあったら連絡してくれるようにと言っておく。

八月一日、保護者面会日。月に一度面会日を定め、手作りの弁当を持参してもらい、入園前の親子関係の調整、少年達の更生を期している姿、無条件の親の愛を互いに確認し合うため、(月一回の日曜日)面会日を定めて、和気あいあいのうちに過ごすことにしている。保護者(親)の生きる姿勢を少年達は無意識のうちに身につけている。保護者の協力姿勢、少年達のこの学園で立ち直ろうとする自覚を私達が手にすることが教護の第一歩と思われる。私の指導方法の働くことの重視(作業指導)は、少年達に精神的肉体的に一まわりも二まわりもたくましくなってもらいたいためである。保護者も少年達も、その指導に対して疑問、納得のいかないこともある。そのようなことからも、この面会日を通して人間関係を作りたいと思っている。

八月四日、退園生英雄来園。この春、H市内のパン製造会社に就職した英雄来園。中一の夏入園。二年半年の学園生活の中無外をすることなく生活する。他児と比しあまりにも体力的精神的に弱い子であり、学園での生活ぶりから、予後が心配されたが、一日も休むことなく仕事に励んでいること、自宅より自転車で通勤していることを明るい笑顔で話す本児の予想外の力強い生活に安心する。朝夕のランニング、畑作業、果樹園と、汗を流して一泊していく。

八月七日、この春退園した真一、実母よりの再々の電話で私は腰を上げることにする。まさか、あの真一が崩れるとは、思わなかった。ある日の真一に対する教母の手紙より

〝真一君、今日は電話で明るい声を聞くことができ安心しました。先生はじめ寮の友達や後輩があなたのことを気づかい応援しています。ここであなたが頑張ったことみんなのために残したものは、かなり大きかったようですよ。そんな真一君だからなおさら世の中という巨大な流れに流されないでほしいとみんな心から願っています。健也君なんか、いつもお兄さんに『真一君を訪ねてほしい』とお願いしていますし、入園前のような生活に戻ってほしくない』との強い願いもあるようです。先生もあなたには、何としても世の悪に抵抗してくれることを期待しています。正しいことをし続けるには勇気がいります。でも本当の幸福はどこにあるか、ここで学んだはずではなかったかな。仕事を休まずに働いていること、これには先生も感心されていますよ。いやなことも辛いこともあるでしょうがそんな時こそ、ここで耐え、暗渠の精神で頑張ったことを思い起こして下さい。お母さんを大事にしてあげて下さい。今日まであなたを大切に育てて下さったのは、お母さんだけです。お母さんの悲しみにも又喜びにもなれる真一君、自分の歩むべき道を交わる友によって見失わされることのないよう、友達には十分注意深くあって下さい。あなたを築き上げ、困った時には助けとなってくれるような真の友を見つけましょう。逆に、あなた自身もそうした真の友となれるよう一生懸命生きてね。……〟

真一の母親からの手紙

「暑くなってきましたが、皆さんお変わりありませんか。突然なんですが、真一が最近は仕事には行っていますが、毎日帰ってこないで、朝方になって帰ってきます。先生に言われた時だけ、神妙にして

いますが、帰られると人が変わったようにもとに戻ってしまいます。

親の言うことも聞きませんし、しゃべり方も悪のようなしゃべり方で、給料もいっさいいれないと言って、私に働きに行けと言っております。

このような状況なのですが、どうしていいか分かりません。何回も先生にご迷惑をおかけしていますがどうしたらいいものか。

どうぞ、お教え下さいますようお願いします。

昭和五十七年

真一の母より」

〔真一の手紙より〕

『先生、保母先生、そして寮のみなさんお元気ですか。色々と心配をかけてしまい反省します。先生と保母先生との約束も破ってしまい、すみません。みんなとの約束も守れず、ごめん。でも、今は、よく自分でもわかっています。仕事も毎日やる気でやっています。時間までには家に帰っています。月の休みは二回です。でも、これ以上色々な人に心配をかけず、仕事に打ち込んでいこうと思います。学園での生活は自分の心の中に忘れることはないです。それなのについつい誘惑に入ってしまいます。社会はまだ自分にとって始まったところです。これからはきちっと頑張っていきます。学園の畑をやっている日回寮のみんな、これから厳しい夏になりますが頑張って下さい。僕もこれからきちっとなって又、学園に行きたいです。』

私の、A市内の調理関係の仕事で住み込み就職をするようにという勧めを、母親一人なので一緒に生活したいとのことで断わり、B市内のレストランに就職したのだった。実父は本児二歳の時病死。それ以来、母親一人に育てられたのである。中二の夏入園。この一年半の学園での生活は、私をして〝男、真一〟と言えるぐらいの力強い生活ぶりであった。弱音を吐かず、他の寮生に良い影響を与え続けていた。それ故に、今年の冬、足の故障のため各駅伝大会に活躍できなかったことから、卒業の日、近畿教護駅伝大会の勝利監督者賞のカップを本児に渡した。退園の日（4／8）私は本児のことを思うと寝つかれず、退園後のことが心配で、早朝四時、寮生全員を起こし、真一の退園後のことについて話し合った。そのことは、学園で生活したように厳しいものを求めて生活してほしいとの願いからであった。退園すると、入園前の仲間（男も女も）が騒ぐ雰囲気を感じ取りながら、念を押しての話し合いであった。真一と寮生、私との約束―入園前の友人とはつき合わない。母親を大切にする。夏までは坊主頭で過ごす（同じ中卒仲間が五名残るという現実もあり）。この三点を確約したのである。しかし退園後の成績悪く、仕事は一日も休まず就労しているが、勤務後入園前の友人とつき合っていること、母親に対しての言葉づかい等が問題点としてあげられた。四月の下旬、一度、注意のため自宅に行く。真一は私に料理を作り、迎えてくれた。葛藤があることを感じながら、誘惑に負けないよう、注意しておく。六月に一度、母親と本児、学園に来園。表情はあまり良くなく、心配される。母親より、それからも再々、電話や手紙があり、電話で本児とも話すが、こちらからの一方通行的な会話になりがちである。

今日はあいにくの雨、夕方より雷雨の中、車を飛ばしてBの本児の自宅へ向う。今は、私の言っていることがわからなくても、無駄であっても、少年達がいつの日かわかってくれる日がくることを信じ事後指導を続けたいと思う。

途中、退園生の信夫のところに行く。（退園生を訪問する時は、学園で汗を流していたことを思い出させる意味からも、野菜を持っていくことにしている）退園して一年半今はクリーニング店で就労。昨年の様々な出きごとが思い出される。

八月十三日の日に今の文化住宅から、建売住宅へ転居することを聞く。夜も遅く十時を過ぎていたので弟と一緒に床に就こうとしているところであった。何か心にひっかかるものはあるが、このまま順調に行ってほしいと思う

八月八日、寮生の生活―最近は、果樹園作業は暗渠排水、夏野菜の後始末から秋まきの畝作りをしている。帰省前。生徒は意欲的に取りくんでいる。

八月九日、寛、真一のところへ行く。寛の夏休み期間中のことが心配なので自分が行くことによりエスカレートの歯止めになるならと思いH市に行く。意外にまじめに生活しており、仕事を手伝っている様子である。真一の母親より電話があり、本児、自宅にいるとのこと、今日は雨なので昼間より行くことにする。八月七日より昼間のレストランを無断で休み、夜の仕事（深夜喫茶ゲームセンター）で働こうとしている。本児を説得し、深夜喫茶をやめレストランに帰ることを確約させる。本児と実母をそれぞれの店に連れて行き、話をすませてくる。自分の気持ちがどこまで通じたか疑問を持ちながら帰路に着く。留守をしている教母と少年達に留守中無事であったことを感謝する。

八月十二日、夏休みの帰省始まる。寮生は現在十一名。三名残留となる。

八月十六日～十七日、久しぶりに、山口県の郷里へ帰り家族と楽しいひとときを過ごす。常日頃、家庭サービスができないだけに、我が子も嬉しそうである。

八月二十二日、卒業生久来園。この春、就職した久、実父、継母、弟、妹が来園する。家裁の決定で入園したのが中三の六月。「県立の施設は作業する必要はない。国の税金で経営されているのだから、野菜、果樹、土木等はする必要がない。」と私を含め寮生を困らせていたこと。便所に入れば、一時間近く入り込み、もうこれは教護院で指導することは無理だと思ったこともあった。その久が二年間近くの学園生活の中でつかんだものは大きいようだ。全く、人間が変わったように頑張っているとのことである。仕事は一日も休まず、朝夕のマラソンはかかすことがなく走り続けている。明石学園の運動会で自信のなかった久が二年連続、マラソンで、一位になり、彼の自信となったようである。教母と学んだ聖書を信じ、それを卒業した今もなお、学び続けているとのことである。

八月二十三日、退園生敦美来園。三年間の在園期間を通して昭和五十四年三月、学園就職斡旋で寿司屋に住み込み就職した敦美。昭和五十六年九月に寿司屋を辞めるまでよく頑張り通したと思われる。本児の更生ぶりは新聞記事にも載った。しかし、敦美にも多くの葛藤があった。実母のことは本児を悩ませた。一見スムーズにいっているように見えるが多くの苦悩と葛藤の連続であったような気がする。昭和五十五年九月、非行少年の叫び声をテーマとし、世の社会に問いただした〝父よ母よ〟の映画を観たその夜、友人宅で倒れ、救急車で運ばれ入院した。入院した後、今まで耐え続けてきた様々なストレスが爆発し、泣き叫ぶので、病院側はどうしようもない状態になり、診察の結果は、精神的肉体的な過労で倒れたものであるが、このような状態は本児の精神的な弱さによる症状の表われであるとのことであった。住み込み先に帰るか、家に帰るか、どちらも本児は「いや」と叫び続けた。泣き叫ぶ本児を見、いったん非行した子が正しく生き続けることの辛さを思い知らされた。実母の承諾を得、今ここで本児が精神的に強くなる場は隔離された精神病院だと院長に説得され，入院させることになった。その入院させた夜、私は何とも言えぬ無力感と脱力感におそわれ、車の走行が乱れていたのか、覆面パトに捕まった。それほど、敦美のことで頭が一杯だった自分に気づく。二週間した後、退院、再び心身共に強くなり頑張ることができるようになった。

　昭和五十六年九月、主人、奥さんと衝突あり、本児から電話がある。教護院出身者であることでの周囲の目、主人、奥さんとの人間関係、給料待遇の問題等、不満は多かった。「生きることは辛い、頑張り通せ」と説得するが頑として受けつけない。店に行き、話し合うことにする。店の方は、本児との考えとギャップあり、奥さんとのやりとりの後、彼の哀しい心を刺激したのか、本児は刺身包丁を奥さんに突きつけようと興奮し、あとを追いかけた。私は、ありったけの声をしぼり、「やめろ敦美！」と怒鳴った。彼の興奮の爆発は、私に向かってきた。『刺されるな！』私はそんな恐怖で一杯になった。「刺してくるなら刺してこい」と思った。彼と私の睨み合い、彼は刺身包丁を地面に叩きつけ、私の方に泣き崩れてきた。私は直ちに、ただならぬ雰囲気を感じ、この街より、本児を去らせようと思った。荷物を整理し、彼が行きたがっている大阪の寿司屋に直行させた。私は、聖書を信じて生きようとしたぐらい真剣な生き方を求めている敦美の心の哀しみを思いつつ、深夜、車を飛ばしながら帰路、涙が頬を伝わった。そんな彼との辛い経験がある。そして、五十六年九月より五十七年六月まで、大阪の寿司屋にて就労。五十七年九月より自衛隊に入隊。真剣に生きようと、多くのことがわからず、もがき苦しんでいる若者を前にして人生経験の浅い私には答える術がない。

―結び―

私は、非行問題に記載させてもらった〝少年達の代弁〟で、「教護院という世界は、真実のまかり通る美しい世界であらねばならない」ことを伝えたかった。心傷ついた少年達に、教護院の世界が少年達の更生の場である限り邪悪な、不正のまかり通る社会に烏合することのない、愛と公正に満ちた世界を作ってやらなければならないと思う。その真実とは、各々人によって相違する。教護院の運営形態が小舎夫婦制を取っていることの一つの弊害なのかもしれない。古くからかかえている問題として、寮舎エゴイズムがある。自己の指導のみ正しく、他を非とする排他的傾向が強い。（私も強くあり、深く反省している。）そのことは、各職員の個性を尊重するとの美名で許される問題ではない。それは、少年達の命を育む教育の場であるからである。少年達の心の中で闘っている姿をその寮長、教母のみ認めているとしたら、どうしても少年の心を満たすことができない。学園全体で認める、一人一人の心の裡を知ってやる雰囲気がない限り、少年達一人一人の汗と涙は社会化されない。そのような意味においき、私自身の心の狭さ、今までの生き方を考えると恥ずかしさで一杯になると共に、もう一つ、言葉で言い表わすことのできない、もやもやとした、叫び出したくなるものがある。しかし私は、真実のまかり通る世界を、これから私が、この職に就いている限り、少年達と共に生きていく限り、求め続けていかなければならない責務と思っている。少年達との闘いの日々は今日も続く。私の心が安らぐ日がいつか、くることを願っている。

この少年たちとの闘いの日々は、昭和五十七年の夏休みの在園生と卒業生との関係性を記述した文章であります。その当時の事後指導を通して係わった少年たちは、今は五十歳前後の大人である。いまはどのように人生を歩んでいるのかを事実をもとに考察したいと思います。

この夏休み期間中に、係わった少年たちは十一名です。その中ではるばると三重県まで訪ねて来てくれた卒業生は九人になります。何度も訪ねてきた卒業生もいます。そのような関係性でしたが、ここでは三人の卒業生のことに触れたいと思います。

真一のこと

彼は今年で四十九歳になります。卒業後、しばらくは多感な時代でもあり心を迷わすこともありましたが、もう三十年間もアルミサッシの仕事を継続しています。その道では職人であり、汗して働くことを厭わない働きぶりは稀なことであると思います。

私たちが、兵庫県から三重県に転勤する時には、大勢の中に、母親と真一が来てくれて引っ越しの手伝いをしてくれたことがあります。親子で一生懸命に寮舎の窓拭き、床拭きをしてくれていた、その情景が今も心に残っています。

真一が結婚した時も、母親が披露宴の式場で、私の後ろから抱き付き、涙を流しながら「先生ありがとうな」と言っていたことが思い出されます。

ここに至るまで時折、共に飲んで語り合ったこともあります。卒業生との会食は、施設に入らなければならなかったこと等々の、心の内の本音を聞くことにもなる機会でもあります。

真一は、寮舎の仲間のことを思いやれる、心根の優しい少年でした。真一の男らしい正直な生活姿勢は、大きく寮舎の安定に貢献しました。

今は、年老いた母親を思い遣り、家庭を大事にしています。学園での生活は人生の縮図でもあります、そのことの証明を真一はしていると思います。いつまでも男・真一らしく汗して働くことを大事として生き抜いて下さい。

寛のこと

彼は今年で五十歳になりました。調理の職人として独立、家族を持ち幸福をつかんでいます。学園を卒業後、不安定な時期には足繁く訪問して係わりを持ちました。両親が手放した住居に、ある日、私と彼の姉、寛と、夜に散歩しながら行ってみたことがあります。

広い敷地はタクシー会社に経営されていました。なんとなく、彼の躓きのもとを知ることができました。その時、親は親、寛は寛なのだと思いました。

その後も、母親からは事あるごとに近況報告の手紙を頂き、又、励ましの手紙をもらいました。卒業生のことでは、ご無理なことをお願いしてしまったこともありました。私たち夫婦より、ずいぶん年配の人で、学識のあるひとでもあります。北海道家庭学校の谷昌恒校長先生の「ひとむれ」を読み感想文を送られたこともあるようです。先生が講演で来られた折、挨拶にもいかれ言葉を交わされたこともあるようでした。私たちに宛てられた手紙が、すべてを物語っていると思われます。これで良かったのだと強く思います。

寛からの手紙（何通からの一部）

「先生お元気ですか。手紙をいただき、ふと身のしまる思いでした。高校を辞めてから、先生にはだらしない姿しか見せていません。恥ずかしいことです。手紙を読んでいて、寮での生活を思い出して、自分も学園では何とか頑張れていたのに、と、考えました。

僕は今、ペンキ屋をしています。熱心とは、いえませんが、何とか頑張っています。車の免許も取れる歳となり、頑張って教習所に通っています。

父も病気が、一時急にひどくなり、自分のせいだと反省していますが、つい心配ばかりかけてしまっ

ています。

父の身体も元気だったのに、最近弱ってしまい入院をしています。

僕も、はやく一人前になり、父が安心できるように頑張りたいです。

今はペンキの仕事で頑張り、これから考えて気長にやっていきます。車の免許を取り運転がうまくなりましたら、家族で寮に行かせてもらいます。

少しは、まともになった姿を先生に見せられるようにやってみます。

それでは、汚い字ですみませんが、このへんで終わります。

先生も、又、寮のみなさんも頑張ってください。

昭和五十九年九月

寛」

寛の母からの手紙（何通からの一部）

「師走もあと十日ほどで新年を迎えます。

西田先生、御一家の皆々様、お変わりございませんか。大変御無沙汰ばかりで、申し訳なく思っています。

先生とお会いしてから十年が経ちます。あれは年末でした。本当に藁をもすがる気持ちで明石学園の門をくぐったことが、ついこの間のようにも、昔のようにも思われる昨今でございます。本当に助けて頂きました。ありがとうございました。

寛の心の中で自分が探し求めていたものにやっと出合ったかのような仕事ぶりに、0からじっと祈るように見守っています。

そして、彼女の献身的とも思える生活ぶりに、私は実の娘のように色々と話し合ったり、今後のことなど相談しています。きっと来秋には結婚にふみきれると云っています。彼女には本当に、私の方が、頭が下がります。大切に二人の生活を見守ってやりたく思っています。

主人もだんだんに健康をとりもどし、普通の生活がほとんど出来ますし、寛の電話にも、色々と自分が商売をしていた時のことなどを説明したり、地元の人々のことを話しています。

娘のTが秋にベービーを誕生し、主人も寛も、殊の外、その子が可愛くて、姉ちゃんはすごくこわかったけど、子分ができたと大喜びしています。

我が家にも、やっと家族らしい家庭が…。「雨降って地かたまる」ように、落ち着かせて頂ける今日がまいりました。

この間も、Hにまいりまして、寛が「ぼくの恩師は、西田先生だけや」と彼女としゃべっているのです。そして、勤務先がH駅の地下の中心地の所なので、多くの方々が声をかけて下さるらしいのですが、中三の時の先生だけはみないなーとか。

私共家族のすばらしい体験は、寛が少し道をはずれてくれたおかげで、西田先生、圭子先生との出会いがずっしりと重なり、私の胸の中で、新しい出発を実現させることができ心の転換をさせて頂けたと感謝で一杯です。

桃栗三年、柿八年、とか食べものの実る期間にも、種まきから成長するまでにはそれぞれの年月が異なるように子供もその子その子で実る時が違っていることを、私はこの頃やっと解るように思います。そして、あの苦しい生活も今は、あの時期があってやっと今日があると思うと、やはり毎日、毎日に意義があって、悪い日などないのだと、こんなことを考える歳になってしまいましたョ。

０で引き取り手のない老人と共に暮らしながら、なんと子供のない親は哀しく、心のわびしいことかと、心配をさせてくれる子供は、やはり最高の宝だと、嬉しく思っています。そして、巣立って行く子供たちに強い心の羽が最高の財産だと……

とりとめのないことを書きました。来年こそ「津」まで里帰りができる日がおとずれますよう念じつつペンを置きます。

西田先生御一家の上に、来る年も、幸多かれと祈りつつ、近況のみにて。

平成元年十二月二十一日
寛の母より」


「明けましておめでとうございます。

御一家の皆々様よいお年をお迎えのことと存じます。

一二月十日、テレビみました。先生いい顔され本当に嬉しく、頑張り通して下さっていること、苦しさと喜びとが重複して、一五年ほど前をまざまざと思い出して涙が出てしようがなくって……西田先生との出会いがなかったら……私達家族はどうしていたかしら？今あることが不思議に思いながらひと時も忘れることなく思っています。お正月に寛に会い先生のテレビのことを話しました。すごく喜んで会いたいなあーと言っていました。

平成十年元日
寛の母より」

敦美のこと

多感な青春時代をへて、彼は神戸で知り合った友人が、福岡であることから福岡に居を移し、そこで人生の壮年期を過ごした。九州から三重県まではるばると訪ねてきたことが二度あります。時々、忘れたころに連絡をしてくれて、安定した人生を送っていることに嬉しく思っていました。

平成二十一年二月の退職前に来信があり、私たちの郷里が山口県であることから、下関の唐戸市場で再会を二回しました。彼は寿司職人として市場には魚の仕入れにいつも朝早くから来ているとのことでした。

今年の六月、彼が勤務している職場に招待されて、彼が調理したご馳走を味わうことができました。総料理長として経営者からも信頼が厚くここまで逞しく生きている彼に本当に良かったと思いました。仕事と家族を大切にして、幸福をつかんでいるかれに心からよく頑張ったとエールを送りたいです。

敦美からの手紙（何通の中から一部）

「拝啓

先生、保母先生お元気ですか、僕は元気に仕事に励んでいます。

学園を卒業して、もう八年になりますが自分にとって、とっても早かったと思っています。

仕事も色々と変わり迷った時期もありましたが、やはり最初の料理の仕事が自分にとって一番あった仕事だと思っています。

毎日、仕事をしていて、お客様が僕の作った料理に満足して食べて帰ってもらうことが一番の嬉しいことです。

先生、保母先生にとって、一番の嬉しいことは卒業生がまじめに頑張ってくれていることだと思います。


学園に入らなければならなかったハンディーを背負っている僕は、やはりとってもさびしい時があります。だけど、世の中にはもっと淋しい思いをしている人がいることを思います。だから僕も一人でも強く生きなければならないと思っています。

耐えながらさまざまな壁を乗り越えていき、自分の道を確立して幸福になりたいと思っています。

先生、保母先生も、やはりつらい時や淋しい時があったと思います。その時どのように乗り越えていったか自分に教えてほしいです。……

先生と一緒に楽しくお酒を飲める日を夢見て頑張って行きたいと思っています。……

三重県に転勤され如何ですか……大変でしょうがあまり無理をしないで……

先生も保母さんと一緒に仕事に頑張って、良き少年たちを世の中に送り出して下さい。時間を見出して、三重に行きたいと思っています。ではお身体を大切にして下さい。

敬具」

昭和六十一年十月二十六日

「先日は私の職場で先生、保母先生に、私が料理した食事をご馳走することができましたこと大変嬉しいことでした。中学校を卒業してから寿司職人として働いてきて料理して食べてもらった味は如何でしたか。嬉しい一日でした。又お会いする日を楽しみにしています。

中学一年生の時、学園に入園したときは母親に見捨てられたとの哀しい思いがありました。学園では暮しの中で勉強にスポーツに作業に一生懸命に取り組んだことが、今の自分にとってとても良かったと思います。学園には三年近くいましたが充実した時で、あっとゆうまに卒業したような感覚でした。それでも入園の初めはなぜここで生活しなければという思いになっていたのは本当のきもちです。

中学校を卒業して鮨屋で住み込み就職となり、朝早くから深夜になるまでの仕事で大変なことでした。料理人として一人前の寿司職人になるまでの修業期間は辛いことでした。料理の世界は職人としての腕がある人はお金を貰うことができるのですが、役立つようになることは難しくなかなか上手くいきませんでした。職場での人間関係も大切にしていきましたが、人のいい先輩も悪い先輩もいて、そのことで自分の心の中で複雑な大変な思いをしました。そのようなさまざまなことを乗り越えて一人前になるんだと思います。そのことはどこの職場でも同じことだと思います。道を外れることなくこれたことを嬉しくおもいます。

一人前になるまでにはさまざまな葛藤、苦悩がありました。

はやく何でも話し合える彼女がほしい、温かい家庭を持つようになりたいと思う毎日でした。深夜に仕事が終わり電気のついていない住むとこに帰っても淋しくて、また明日からも仕事かと思う日ばかりでした。辛い寂しい空しいどうしたら希望を持って生きれるのかと惰性で日々を過ごすような青春時代でした。

寿司職人として三十年以上になり、それなりに仕事もできるようになり職場で総料理長としての立場をいただき今は少し余裕が持てるようになりました。

家族のことでもこれからいろいろなことが待ち受けていても今の自分は負けることはないと思う気持ちが強くあります。

人として父親として責任を持って、妻のため子供のため孫のため、父親としての後ろ姿で表したいです。

それなりに人生を送って来て、それなりに仕事もして、結婚をして、今は幸せだと思います。でも自分の母親や弟はバラバラになってしまったので、そのことがやはり心配になることがあります。年取った母親には月々に五万円の仕送りをしています。

これから先もまだまだ仕事をして一家の大黒柱として頑張りたいです。先生から私を見ればどのように見えるかと色々と考えます。そんなことを考えていると学園生活と今の生活がかぶって見える時があります。

自分の人生はこれで良かったのかと自問する時がありますが、前向きの姿勢でこれからも家族を大切にして子供たち孫の成長する姿を見守って行きたいと思っています。そのことが今は一番の目標です。

又、先生、保母先生に会える日を楽しみにしています。

平成二十七年六月二十二日
敦美

西田達朗様」

四　家族が愛で結ばれるように

（真一朗）

「真一朗、優しさに欠けていないか」（母親より）

私が教護の仕事に従事して十一年目の昭和五十九年十月下旬、三泊四日間で中学三年生の修学旅行が行われました。児童は六十余名、私の寮生は六名でした。私は引率から外れ、当時の寮生の構成メンバーを考慮すると、問題は避けられないと思い、「私は引率をしたい」と申し出ましたが、ままならず、旅行の日を迎えたのです。初日より、中3生の大部分は喫煙、万引き、地元出身の入園前の不良友達に電話したりと、やりたいことをしました。旅行の四日間は、予想もつかない悪い状況となり、大変な修学旅行となりました。帰園すれば、旅行中の行状は報告され、私から注意をうけることは避けられないと思ったのでしょうか、私の担当寮生を中心とした生徒集団は、帰路、集団無断外泊となりました。旅行中の無外生、旅行帰園後の無外生を含め、想像も、予測もできない、学園の嵐となったのでした。その後、少年たちの心の修復にはたいへん苦慮しました。それからの日々は、少年たちとの闘いの生活でした。それほどまでに荒れる状況になることについては、思い当たる節が多々あるように思えます。私の姿勢を含め、学園の集団規範・気風を厳しく問い直さなければならないできごとで、初冬の寒さが身にしみる季節でした。

真一朗と保母の真剣な日記でのやり取りが、生活の動機づけ、心の修復に寄与したと思われますので、その一部を引用します。

〈母の日に寄せて〉

昭和五十九年五月

「僕のお母さんは、タバコを吸います。お母さんは僕がタバコを吸っているのを知っており、タバコがなくなると「一本、頂戴。」と言いに来る時があります。でも今は病気になったのでやめています。お酒も飲みます。僕はお酒を飲んだお母さんはきらいです。キャバレーのホステスみたいだからです。よくお店が終わって一人で飲んでいます。飲んでいるお母さんを見ていると、なんだかさびしそうに感じます。一人で飲んでいるところからして、お母さんは気取り屋なのかなと、思います。僕の友達が来ても、友達みたいに話をするし、とても親しみやすいタイプです。

僕のお母さんは、本当に苦労して来たと思います。僕が小さい時からお父さんと仲が悪く、よくケンカをしていました。三歳か四歳ぐらいの時から、僕を抱っこしながら、ケンカをしていたのを覚えています。ケンカに耐えてきた母ですが、とうとう耐えきれず、僕が小学生の時、お母さんは家を出てしまいました。やはりお母さんは僕達のことが気になり待ち合わせをして、会ったりしていました。ベッドの中でいつも泣きながら「母さん、帰ってきてくれ」と祈っていました。お母さんがいなくなると、お母さんが僕達、子供にとってどんなに有難き人物かよく分かりました。

ある晩、お母さんとお父さんがいつものようにケンカをしていました。その晩、お母さんは身体じゅうが痣だらけになり寝込んでしまいました。お母さんは自分が正しければ言い通し、父さんに殴られても向かって行くぐらい力強い母さんです。僕はそんな母さんをほこりに思っています。

僕のお父さんは店が上手くいかなかったりすると、すぐお母さんや僕達に八つ当たりします。店も五、六回変えたりして、借金を作っています。それに僕が入って来る前にうわきをし、よそで子供を作っていました。すごく腹が立ちましたが、僕がこの学園に入ってから優しくなりました。二人仲良く生活してほしいです。

僕の家は母さんも一緒に働かなければ食べていけない状態です。だから、家事だけをしている他のおばさんを見ていると、母さんが可哀想になり、申し訳ない気持ちになります。それなのに、母さんを楽にさせるよりか、反対に迷惑をかけてしまいました。

毎年、母の日にカーネーションを贈るのですが、今年は贈れません。昨年まではカーネーションで示していましたが、今年は生活面で示せるように頑張ります。そして早く立ち直り、少しでも楽をしてもらい、僕の手からカーネーションが渡せるように頑張ります。

僕を育ててくれた母さん、そして父さんに感謝します。」

真一朗と保母の交換日記

（注）「」内は本児《》内は保母

無断外出
十月二十四日
「昨日、連れて帰って来られた時、僕がぶすくれていたのは帰りたくないと思ったからです。でも僕は意志が弱いから、これで良かったと思いました。意志が強ければ、こんなことにならなかったです。今まで生活してきたのに、こんなことで弱さに負けてしまいました。すごく情けないです。弱さが少しも抜けない自分が恥ずかしいです。
日記に書いていることと、全く違った行動を取ってしまったのは、先生に対する不満を持ったからだと思います。……この生活をしなければいけなくなったのは自分が悪いのだから、最後までやりとうします。……ご迷惑をおかけして申し訳ありませんでした。」

《先生に対する不満は先生にぶつけてみるべきでした。又、先生もみんなの気持ちをまず受け止めてやれる広い心がほしいですね。
外に出て先生の不満をぶちまけられては、先生も辛く寂しいと思います。先生も不完全ですから、あなたたちからすれば不満も多かったかもしれませんが、だれと付き合っても、きっと満足な人はいないのではないでしょうか？ひとつだけ言えることは、先生はみんなのために一生懸命だということです。きっとそのことはわかっているでしょう。先生を信じるということは自分の心を開くことです。

不満があれば、堂々と言う勇気がほしいと思います。陰でコソコソと悪いことをしたり、道理を踏みはずすことは、けっして良い解決方法ではないということをこのたび知ったのではないでしょうか？

不満を大きくふくらませていかず、それを先生自身に言ってみることです。不満は大きな落とし穴であるということを学んだのではないのでしょうか？私もそのことを学びました。

新しい気持ちで出直し、がんばり、多くのあなたを愛して下さる方々の期待に応えていきましょう。そして、もうひとつ、人間はだれも完全な者はいないということを、お互いに認識し、思いやりをもって共に生活したいものだと思いました。》

家族のこと

昭和五十九年十一月三日

《お母さんの手紙、ありがたいおことばでした。とても心の中で、励まされています。あなたも、お母さんの気持ちと一つになって、又、頑張りだしてくれることを願ってやみません。

あなたにとって、どんなにつらく苦しいことがあっても、その指導の根本に、いつも先生の願いが息づいていることを、忘れないで、くじけず頑張りぬいてほしいと思います。

一月から今日まで、私としては大したこともできませんでしたが、何時もあなたに、思いを精一杯はき、頑張ってほしいと願い続けてきました。

私たちが思うように、なんと自分の気持ちをわかろうとしてくれないのだろうと、真一朗君も、そして、みんなも思うことは多いでしょう。それが人間を理解するむずかしさです。だからといって、すぐ逃げたり裏切ったり…というのは人間として間違っていますし哀しいです。もっと強く心の広い

人間を目指して頑張りたいものですね。》

十一月十一日　面会日

「……母さんが「父さんと母さんと一緒の方がいい？」と僕に聞いてきました。もちろん僕は一緒の方がいいと、母さんにも、そのように答えました。でも兄と姉は「別れた方がいい。」と言っているみたいで、今の家族はあまりうまくいっていないみたいで、ぼくはなんだかとても心配で、自分でどうすればよいのか分からなく、ただ家族の仲がうまくいくよう願うだけです。…母さんは、何時も、どこでも、僕のことを信じてくれているので、もう二度と裏切らないようにしていきます。……」

《お父さんの良さを引き出してあげれるのは、本当は、あなたたち家族の者たちではないかしら？良いところも悪いところも知っているのはあなたたちでしょう。お互いに不完全な人間同士ですもの。悪いところばかりに目をやらず、欠点を覆い隠してしてあげれる一番の人達は家族でしょう。そして、良いところを引き出せるのも同じ家族でしょう。家族があることはなんと有難いことでしょう。お父さんお母さんがいて、その中に子供たちが三人もいる。これほど嬉しいことはありませんよね。

こうして書きながら、私も、そう思い頑張らねばと思っています。真一朗君もぜひ、ご両親の仲が良くなるように願い、そのためにも「頑張る」……と手紙に伝えてあげてごらんなさい、親として嬉しいものですョ》

優しさ

十一月二十三日

「今日……先生に「今のみんなは人間としての優しさがない」と注意を受けました。人間としての優しさの意味は僕には、はっきりとは分かりませんが、ここの生活でいうと、自分が一生懸命頑張ることだと思います。……昔の寮舎の生徒は「先生も共に汗して頑張っているから、僕らも頑張ろう」という気持ちを持っていましたが、今は自己中心的な考えをする生徒ばかりで、僕もその一人です。大きな体をして、先生の手伝いもできないです。修学旅行に行き、先生の期待を裏切り無外をしてしまったため、日回寮の伝統をつぶしてしまいました。今の生活も、しんどいから、まだ逃げていると思います。そして先生が寮の生徒に対する情熱が消えてしまいました。……」

《「優しい」という意味は「思いやり」とも似ていて、相手の心をわかろうとして、その思いに自分もなろうとするのではないでしょうか。哀しい気持ちでいる人に自分にできることは何だろうと考えてみたり、手を差しのべてあげることではないかしら。

共に生活し、共に苦しさを味わった人間と人間ならば思いやりも情も自然とわいてくるものでしょうが、人間は不完全ですから、意識して、そうありたいと思われなければ、利己的な気持ちになりやすいのです。

人間として何を一番大切にするかということを考えながら生活して下さい。

この前の、お母さんからの手紙にも、あなたに、その「優しさが欠けていた」と書いてありませんでしたか？（無外のことについて）冷ややかな人間でありたいなどと真一朗君はけっして思っていな

いと思いますが、温かさが感じられる人間になれるように努力をしてほしいと先生も私も願っています。》

卒業生の来園

十一月二十五日

「昨日、貴一君が寮に泊まっていかれました。この三日間は続けて卒業生の方が来園され、とても良い日でした。今日は健也君が来られて、四日間続けて卒業生が来園され、僕にとってなんだか良い日でした。二十二日に信夫君が来られ、僕を励まして下さり、すごく励みになり、やる気がいっそうわきました。二十三日は寛君という卒業生が来られました。僕は寛君は知っていませんでしたが、寛君のお母さんがよく来られるのは知っていました。寛君のお母さんが今も来られるのは寛君ち直ったことだと思います。……信夫君も寛君も仕事をしていることは、この学園で働くことの意味と技と心を頑張ってつけた証拠だと思います。昨日は貴一君が来られ高校に通学していることは凄いと思います。……今日は健也君が来られました。僕が無外をして、迷惑をかけてしまったので、顔を合わすのが恥かしかったです。……卒業生の方々が僕らのことを思って来てくださるので……・頑張ります。」

卒業

昭和六十年四月二日

《真一朗君は、ここで一年二カ月の生活を通して、どのくらいの成長があったかは、卒業後、はっきり表れますが、少なくとも以前のあなたではないはずです。心身共に良い意味で成長してきたと思いますが、しかし昨日も書いたように『悪い交わりは、有益な習慣を損なう』との聖句は真理です。あなたが帰っていく場所はあまり以前と比べ変化していないでしょうから、とても心配なのです。友達には十分、気を付け、良い交わりをもっていけるようにして下さい。……あなたのことを心から愛して下さるご両親をこれからは喜ばせてあげれる息子であろうと努力してほしいと思います。特にお母さんは思いやりの深い人ですが、とても淋しがりやのようですから、あなたがしっかりと支えてあげて下さい。……

先生も私も、あなたが利他的な愛をもって生きてくれることを願い、困難なことにも挫けず、乗り越えてくれることを信じ、いつも応援していますよ。元気でね。》

「……僕が願い望んでいるのは家族五人で一緒に暮らすことなのに、明日からの生活は父さんの抜けた四人での生活だからです。どうしても僕は完璧に受け入れられないです。でも本当に家族が一緒に暮らすには、その方がいいのかも知れません。僕が母さんの考えを受け入れたのは母さん、姉さん、兄さんの幸せを考え、そしていつかは父さんも一緒になることを願うからです。……家族が愛で結ばれるように頑張ります。……

今日まで、一年と二カ月の間、生活をしてきて、一番心残りなのは、修学旅行の無外で、本当に先生に申し訳なく思っています。あのできごとのことで先生を失望させていました。明日卒業していくというのに、今まで先生の何の力にもなることもできませんでした。……

先生は明石学園を去られますが必ず先生を訪ねます。今まで、本当に有難うございました。明日からは、自分の意志一つで頑張り、本当に幸せをつかめるように生きていきます。」

その真一朗のことが平成十年に読売新聞の連載の中でつぎのような紹介がなされている。

『不良とされた子どもの自立を助け、社会や学校へと送りだす三重県立国児学園（津市）だが、卒園が自立を約束するわけではない。転職を繰り返し、手にした技術を捨て、高校をやめ……と、危うい生活に踏み込むケースも多いのだ。

学園では卒園後１年間学校や職場に通い続けた者に賞を贈る。今春の受賞者は14人中わずか３人だった。しかし、「われわれの仕事の結果は15年後に出る」と、寮長の西田達朗（49）は自らを奮い立たせる。

西田にそう思わせた１人が、14年前、兵庫県立の教護院「明石学園」に勤めていた当時の生徒だった。Sは中学の生徒会長をするほど頭が切れながら、ワルぶりを発揮。学園でも、修学旅行帰途、集団脱走事件を引き起こした。１週間後、西田は１人で、祖父の家にいたSを連れ戻しに行った。Sのベルトをつかみ、「帰るぞ」。「うるせい、放せ」。Sは憎悪丸出しの視線をぶつけたが、西田の迫力に渋々従った。

半年後、Sは西田に心を開くこともなく、卒園。西田は国児学園に転勤した。そのSが２年前の正月、結婚して、おなかが大きくなった妻を連れて、突然、訪ねてきた。近く建築会社を起こすという。「あの時、ほっておかれたら、今の私はなかった。叱られたことが、後で役立った。厳しさの中で、親身になってくれる西田先生に会えた私は幸運。親になること、会社を始めることを、どうしても先生に伝えたかった」

子どもを理解することも、変えることも、「彼らとの戦いだ」という西田にとって、見違えるほど柔和になったSの顔は、うれしい勝利を告げていた。

この西田の原点は北海道遠軽町の民間教護院「北海道家庭学校」だ。1970年3月から1年間、大学を休学して住み込んだ。農作業を核に「流汗悟道」（汗を流して道を悟る）を掲げる同校の生活は「何度も逃げ出そうと考えるほど、つらく、厳しかった」。この時の体験が、「子供たちにとって、今はつらいことも、いつかは役に立つ」との西田の信念を支えた。国児学園での西田は、子どもと一緒に鍬をにぎって汗を流す。50歳に手が届く今も、朝は生徒と一緒に走る。前園長小野木義男（60）は「自立支援は卒園で終止符を打てるはずがない。卒園を契機に、彼らとの長い付き合いが始まる」と言った。西田は「自立を懸命に模索した生徒は、社会で困難にぶつかっても、最後は必ずはい上がってくる。たとえ時間がかかっても」と思う。学園には、いまも喜びや難問を抱えた卒園生が訪れる。』

「読売新聞」（尾賀・他、一九九八）より

本人からのメッセージ

「辛いことばかりで逃げること、早く卒園したいという思いばかりでした。とにかく先生は厳しかったです。自分自身にも厳しく私たち生徒と同じ生活を送られ、手本を見せてくださいました。反面、保母先生はやさしく接してくださいました。私たち生徒の代弁的な存在でもあったとも思います。今思えば、先生の教育指導と生徒の心情を考えバランスをとられていたのだなと思います。私を含め生徒・先生よりも保母先生が一番つらく過酷であったのかもしれません。子供が父親に叱られ母親が守り助

言する・暖かいものも自然に感じていたように思います。

生活の内容ではマラソン・作業・学校・クラブ・マラソンの繰り返しでした。当時は辛さが勝り運動すらできない少年だった私には理解できませんでした。その生活の中ではマラソン・作業を通じ諦めてはいけない・逃げてはいけない・やればできるという強い精神力、忍耐力、少しの自信が身についたと思います。マラソン、駅伝部では外部の試合・レースに参加しいつも好成績を残していましたが、世間には認められず「なぜ認めてあげれないんだ」と怒っていたのを思い出します。結果の勝敗ではなく、生徒たちがここまで頑張っていることを理解してもらいたかったのだと思います。

修学旅行の時に私は逃げてしまい、先生・保母先生を失望させ、先生・保母先生が信じていたものを崩してしまったことを今でも反省し後悔しています。先生が私を探し学園に戻され、また同じ生活が始まりましたが、先生・保母先生の顔には悲しさが消えていなかったのを覚えています。

卒園の日、先生が「真一朗、元気でな。頑張れよ。お前大丈夫なの?」保母先生が「真一朗君頑張ってね」と言ってくださいましたが、表情は心配の一色でした。わずかな期間でも愛情をもって指導し育てた生徒が自分たちから離れていくのは心配で家族と変わりがないのだと後で気づきました。私は涙がこぼれましたが、卒園出来て自由になれるという思いからの涙ではなかったのは確かです。まだ理解できていない少しの感謝の気持ちと自然と感じる少しの寂しさの涙でした。

私は今、妻と子供3人で家庭を築き幸せに生活を送っています。父親は他界しましたが、母親は健在で姉も兄も家庭を持っています。私が少年の頃は父親も母親も必死になって仕事をし、私を含め子供の為に生活の為に頑張っていたんだと思います。裕福でもなく貧しくもなかったのですが、ただ一緒に過ごす時間があまりなかった記憶があります。でも、もっと家族と一緒にいれば良かったと今では後悔しています。私も親の立場になり子供と一緒にいる時間に幸せを感じているからです。妻は私の理解者であり、家庭のこともこなし、子供に対しても愛情を注いでくれ幸せを感じます。家族の為に仕事をする私を支えてくれ、子供の教育とのバランスも考えてくれています。必死で仕事をし、お金を家に持ち帰るのは生活をするうえで必然的な事ですが、その為に家族と過ごす時間が少なくなることを思うと仕事が絶対的ではないし難しいものだと考えるようになりました。こう考えるようになれたのも先生・保母先生が学園生活を通じ共に一緒の時間を過ごすことにより教えて頂いたことだと感謝しています。親も子供も支えあう・思いやる・助け合う・最後の最後まで信じあえるのが家族というものなのかなと思いました。

私の子供に対する教育は、社会に出るまでにいろいろな経験をさせてあげ、だめなものはだめと伝え、あまり怒らないようにしアドバイスをするようにしています。そして少しでも多く一緒に時間を過ごすように心がけています。一緒にいる時間が少なければ、悩み事や問題ができ、何かを訴えかけていることに気づく時間も少なくなるからです。また、私の少年の時のように子供は経験が浅く理解しきれないところがあると思うからです。

私も社会に出てから時間を経て気づきました。妻と一緒に子供の成長を見守り、互いに支え合える家族になりたいと思っています。

平成二十七年一月記述」

第二章　三重県立国児学園二十四年の実践から

一　日々の生活

学園は小舎夫婦制の形態で運営しており、四ヶ寮（男子三ヶ寮、女子一ヶ寮）で児童数は平成十四年十一月現在四十三名です。例年四十名前後の在園児童数です。学園の起床時間は早く、各寮舎ともに午前六時前後です。

我が寮は朝五時五十分起床、職員の声かけは無く、少年たち自ら起きてきます。学園は六時三十分のラジオ体操があるので、その前にランニングです。現在十二名、高校への通学生四名、通勤一名、中学三年生四名、中学二年生一名、中学一年生二名の計十二名の生徒との生活です。中学生は二五〇〇M、高校生、通勤生は三五〇〇Mのペース走のランニングです。長い年月をかけて取り組んだことにより、集団としての気風が存在するのか、日々練習を重ねると速くなってきます。五〇〇〇M十五分そこそこの少年が三人います。平成十四年度は例年、広島で実施される都道府県対抗駅伝大会（男子）に選考された少年もいます。入園前の生活からすれば信じられない逞しさです。学園は全国でも最下位に位置する狭い敷地なので、隣接している三重大学のグラウンドで走っています。

ラジオ体操終了後、農場に行き野菜作りをしています。四季折々の野菜を備中鍬を中心とした手作業で約五十アールの菜園を共に汗を流しながら共感を得るため取り組んでいます。春夏秋冬の季節の移り変わりを肌で感じることができます。土地を耕し施肥し播種しそして実るまでの細々とした手の施しを通しての体感が多くのことを語るより説得力があります。ナス、トマト、スイカ、大根、白菜等の実りが何かを少年たちに語りかけます。陽をあびるみずみずしい野菜の色合いが美しく、しっとりと少年たちと私の心を落ち着かせます。大地との会話のときです。

朝の時間の課題はまちまちです。学園のみの施設内処遇の児童は私と共に農場、高校生四名、通勤生の一名は時刻をずらして朝食をとります。それぞれまちまちの学校、職場ですので、登校時間、出勤時間が違い、それぞれに語りかけること、食事、弁当作り等送り出すまでは母親代わりの保母が対応しなければなりません。やっと二番手の高校生を送り

高校生や通勤生の弁当のおかず

出すことが出来る時間帯となる八時前、他の少年が農場から寮に戻り、寮舎の掃除をして朝食となります。保母はその対応で追われます。その間、私は台所に立ち後始末、洗濯干し、掃除と手際よく動かなければなりません。職員朝礼の八時三十分の時間に間に合うように、素早く食事をすませます。この仕事に就いたためかゆっくり味わって食べることが出来ず早食いです。このように職員も児童も一括した集団処遇が出来ないため、ケースバイケースの生活スタイルとなり、慌ただしい朝のひとときです。

八時五十分からは本館での学習です。学園も平成十二年度から公教育が導入され、学習権の保障がされるようになりました。生教分離はなるべく避けるようにと学園の職員も授業にT・T方式で入り、学力にあった習熟度別の学習としています。午後三時からのクラブ活動の時間帯は学園職員が中心となり、少年と共に汗する時としています。

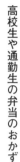

午後五時を過ぎると、その日の学校、職場の都合により帰寮時間はまちまちとなります。最後に帰寮するのが八時前となり、やっとみんなが揃いこれでほっとひと安心します。それぞれの顔付き、表情を汲みとりながら寮長として、保母としての角度で接しながら、十時前就寝となります。

このような一日の流れですが、何事も無く集団が安定して安心して生活できるようにするためには職員も児童もそれなりの自覚と認識が必要です。第三者からは何事も無いように見える生活もそれぞれの立場で悩み、葛藤があります。特に高校生、通勤生は土曜日、日曜日にクラブ活動、試合、仕事等々が多く、各々に対応しなければならず、いつもよりゆっくりと起きる時間を作ることすらできません。問題も無くうまくいったとしても従来の処遇よりも苦心することが多く、問題が生じると、なお更その処理の対応に職員は翻弄されます。いつもこのようなリスクを背負っている日々の生活です。

高校通学、職場への通勤が加わり大きく生活は変わってきました。社会で適応できるようになるための自立支援です。

とはいえ、これらの少年たちの生活基盤には、今時の少年たちの生活と比べれば、土と接し足腰を鍛え、何十年か前の世の中が貧しかった時代と同じ土臭い汗臭い純朴な生活があります。世の中では、失われた大切なものがここには存在するのです。

二　社会的自立をめざす

僕たちの農

五寮生

「僕たちが毎日、行っている農について発表をします。

平成十四年十一月、僕たちの寮は高校生四人、通勤生一人、中学生七人と、先生と保母さんの十四人で生活しています。寮は平日の朝と夕方に畑作業をしますが、高校生は朝から通学準備に忙しく、登校時間が早かったりするため朝の作業はできず、夕方も日課にあった時間に作業ができず途中からになったり、部活動で夕方もまったく作業できない生徒もいます。

寮にとっての畑作業は、毎日の生活の中で一番大切な時間帯です。それはなぜかというと、僕たちにとっての畑作業とは、「流汗悟道」という言葉そのものであるからです。

「流汗悟道」—それは、北海道家庭学校を創立された留岡幸助先生がつくられた言葉だそうです。この言葉は、そのまま読むと「汗を流して道を悟る」という意味になりますが、「何事にも体当たりでひたすらに向き合うところに本物の自分がある、真実の自分がみつかる」ということだそうです。家庭学校の生活は、この言葉を指針として日々取り組んでいて、その中で特に力を入れて励んでいる活動が生産教育だそうです。酪農、土木、蔬菜、園芸、山林、木工と暮らしに必要なもののありとあらゆるものを自分たちで作り出していく、「自給自足」という言葉がピッタリの生活です。そのような日々

を送りながら、少年たちと職員とで共に汗を流しているそうです。創立から今まで継続して現在に至っ
ているそうです。

今まで僕たちは、「手足を使い、汗を流して取り組む」ことの大切さを考えることなく生きてきたように思います。しかし、学園の生活は掃除、園内環境整備、農作業等、春夏秋冬の季節を肌で感じながら、手足を使い身体で覚えることが多いのです。

北海道家庭学校の校長だった谷昌恒先生は、「難儀があることはありがたいことである」という意味をもつ「難有」という言葉から、日々手足を使って労したことによる大変さが重要である。難儀を乗り越えようとする。立ちはだかる壁を突き破ろうとする。そのことによって私たちは育つと言われていたそうです。

僕たちは毎日、畑で土を耕し、肥料を施し、種を蒔き、井戸から水をくみ上げ水を与え、野菜を栽培しています。野菜の収獲が終われば整地をして再び畑を耕します。四季折々の野菜の生育を見ると心が落ち着きます。

自分ではいつもと変わらないと思っていても、備中鍬を使う腕が強くなり、僕たちの体は少しずつ働き者の手、体つきになっているように思います。

日に日に成長する野菜を見るにつけ、僕たちは、毎日の苦労がふっとび、大きな喜びを味わっています。

「流汗悟道」の実践は、西田先生が言われるには、「今まで、自分の非を他人のせいにしていた心の弱さを、自分にも多く責任があったと思える心を養い、逞しい心へと成長することができる」効果があるそうです。

僕たちは、高校生がいない間、畑を支える中心として毎日頑張っています。四季折々の野菜の実りが得られるのも、毎日欠かさず畑の世話をしているからです。台風の直撃、激しい豪雨、夏の日照り、冬の北風には泣きたくなるような大変な困難があります。それでも、その畑をちゃんと保ち続けることができるのは寮の全員の協力と日々の継続です。

僕たちで畑を測ってみたら、国児学園のグラウンドを超える広い畑で、夏の暑さや、冬の寒さとたたかい畑作業をしながら色々なことを知り、学びました。またたくさんの苦労がありました。縁の下の力持ち、暗渠の働きなど目に見えないところでの頑張りは、目に見えるところの全体を支えています。地道に働くことが大変重要で尊いことを少しは体得できました。

僕たちは、今日学んだことをこれからの人生に生かしていきたいです。」

例年十一月には学園では学習発表会が行われます。在園生の保護者、出身校の先生、各関係機関を招待しての発表会です。その日に、常日頃取り組んでいる野菜を来園者に持って帰ってもらっています。その野菜の日々の労を記述した文章を野菜の横に置き読んでもらいたいとの事からの「僕たちの農」の文章でした。

地道に働くことを体得した　　（卒業生・純）

「当時、恐れを知らない僕は、暴走族に入り、喧嘩、恐喝、窃盗等々数え切れないほどの非行を繰り返す日々でした。中学校に全く登校せず、他校の不良仲間とつるみ、やくざの人達とも行動したりしていました。親を含めての家族みんな、学校、警察から改めるよう注意されても聞く耳をもたず突っ張っていました。

このような結果、中学三年生の四月に学園に入ることになりました。最初は「少年院じゃないから適当や」という感覚でいました。僕は、西田先生が持つ五寮に入りました。朝のランニング、農作業、本館での学習、夕方の農作業、ランニングと一日一日が辛く抵抗感いっぱいでした。春夏秋冬と毎日走り、どんな日も土を耕す日々、毎日が意味のないことをして厭だと思っていました。怠け者だった僕はこの生活に不満だらけでした。

そんな僕に愛情を持って関わってくれたのは先生、保母さんでした。僕の弱さを本当の父のように厳しく教えてくれた先生、母のような温かい心でいつも優しくしてくれた保母さん、今でも忘れません。汗で泥にまみれ作り上げた野菜が畑一面に青々と実を結んだ時に達成感と喜びを感じました。又、自分の心身を鍛えることにも繋がりました。毎日走るランニングを継続することでバランスの良い体つきになり、強く逞しくなっていく自分を感じることになりました。

先生はいつも言っていました。「人生、自分に勝つか負けるかだ」と自分に負けて落ちていくのは簡単だが、弱い心に勝ち力を身に付けることは難しいということ。僕は学園生活を通してはい上がる力、粘る力を付けたと思います。

学園を卒業してから月日が経ちますが、学園で地道に努力することの教えは人生の課題としていきたいと思っています。色々な壁が立ちはだかりますが、強い気持ちで、負けない心を持って頑張りたいです。僕は仕事を通して社会に貢献し、この六月に結婚した妻と明るい家庭をつくり平和に暮らしたいと思っています。心配をかけた家族のみんなとも幸福な関係でいきたいと思います。そのことが学園で学んだことの恩返しだと思っています。

まだまだ半人前ですが、少しずつ大人になれていると実感しています。これからも日々頑張って行きたいと思っています。」

（高橋宜記・非常勤講師の夏期日課のふりかえり）

働く教育はいつまでも大切にしてほしい

「あれだけの広い畑で作物を作るということは、作業回数も時間も、相当なものとなる。それを十人ぐらいの人数で維持していくことは、それだけ一人ひとりの手に余る仕事がある。作業中は手抜きが許されないことはもちろん、一人ひとりが与えられた仕事を責任をもってやらないと結果が出ない（実が実らない）し、維持していくことができない。寮の良い方向での集団としてのまとまりは、毎日の作業で本物の協働を学んでいるからであろう。

作業を好きになることは大変である。生徒は半年、一年、二年と、毎日地道に作業をやり遂げていくことで、初めは自分の意に沿わない、嫌々で始めたことでも、だんだんと畑に愛着がわいてくるようになる。作業の要領を体で覚え、備中鍬・鎌・スコップ・一輪車などの道具が使えるようになり、春夏秋冬の中で働くことで、多くの難を乗り越え、日に日に働く力がついてきたことを実感し、だんだんと自信をもつようになる。一年が過ぎ、二年が過ぎ、毎日の積み重ねは、自分に本物の実力が備わってくることで、生徒たちは、多少の難は何でもなくなり、不平不満はなくなり、親兄弟、友達への思いやりも芽生えていくのだろう。

退園後、彼らの多くが選択することになるだろう体を張っての仕事は、大変きつく、相当な厳しさと精神力が要求される。一日の給料を獲得することがどれだけ大変なことか。働く教育は生徒が嫌がるし、あまりに便利になりすぎてしまった世の中では、ますます軽視されつつある。好きか嫌いか、楽しいか楽しくないかで物事を選択し、自分の義務と責務をできるだけ回避しようとする少年たち。

我慢すること、耐えること、義務と責任を果たすことは軽視され、子どもに強いることをせず、なるべく子どもの意に沿うようなことばかりが強調されるとしたら、子どもはますますわがままになり、自己中心的思考をし、不平不満ばかりが増え、荒れた少年が増え続けるばかりであろう。だから、毎日地道に働くことで、付け焼き刃でない、長い鍛錬のすえに獲得できる、本物の実力を生徒たちに培ってほしい。

生徒の食事に出されている野菜が、十年以上も全額寮長の私費で賄われていることを、学園側はもっと真剣に考える必要があるのではないかと思う。野菜の収穫のおかげで、どれだけ生徒の食事と生活に潤いがもたらされていることか、また畑作業の生徒の心身の成長にどれだけ貢献していることか。近々、教護院に学校教育が実施され学習の比重が大きくなるという。しかし、働く教育は、そういう潮流にのみこまれることなく、いつまでも大切にしてほしい、と思います。」

非常勤講師の高橋宜記先生は平成八年〜平成十一年の四年間、非常勤講師として学園で勤務しました。学園に隣接する三重大学教育学部を卒業と同時での採用でした。月二十日、一日六時間の勤務条件にもかかわらず、その枠を超えての時間外での係わりを大切する青年でした。

青年時代はともするると、この仕事の本質的なものに理解を示さず、少年たちと仲良く接すれば教育効果は上がると思いがちです。しかし、彼は向上心もあり何事にも吸収しようとする姿勢がありました。学科指導、課外活動は無論、そして寮舎の活動にも積極的に参加して、畑、ランニングと、少年たちとＷＩＴＨの精神で汗を流していました。

同じ年齢の尾西学先生も姿勢は同じく、若き青年の息吹が溢れる学園の雰囲気となりました。純粋に溌剌と青年らしく少年たちと係わることで安定した明るい教育の場となって大いに貢献しました。

その後、学園に縁がなかったことが惜しまれますが、高橋兄は小学校教諭として、尾西兄は市役所職員としてそれぞれの職場での活躍を耳にします。

あの当時に少年たちと共に学び汗したことが、社会人としての原点であったと述懐しています。

平成十四年度からの中体連陸上競技大会への参加

闘魂の鉢巻き（中体連などでの長距離走での活躍）

学園は朝夕の時間帯を活用してランニングに取り組んでいます。寮舎単位で行い、朝はラジオ体操（6：30）前の早朝のランニングで、夕方は本館での学習、集団活動が終了してからの夕方5時からのランニングです。寮舎の取り組みによって違いはありますがわが寮は、一日約7KM～10KMを走り込んでいます。とはいえ、このランニングは、ここに入園している少年にとっては、もっとも苦手な、興味を持ち難い課題です。しかし、健康な生活を積み重ねていくことによって足腰が丈夫になり逞しい走りが出来るようになります。

かねてより園内では二か月に一度のペースで、ランニング記録会を実施していました。中学生、中卒生男子は五〇〇〇M、小学生・女子は三〇〇〇Mの距離を走っています。年数を積み重ねることにより記録は向上しています。春夏秋冬の季節を通して児童の精神力、体力を観る機会ともなっています。

平成十四年度、私は園長に就任し、中体連をはじめ、いくつかの大会に参加することにしました。前職場の兵庫県立明石学園での大会では、駅伝大会や個人のレースに参加させ、兵庫県のレベルの高い大会で好成績を収めていただけに、個人的な感慨として、一八年ぶりの挑戦となり、少年たちの大会出場は胸にこみ上げるものがありました。

少年たちには自分たちが日々の生活の中で、身についたことを発揮し、表現できる場と考えて走れ、と言い渡してあります。特に私の寮舎の少年たちは大地で培ったものがあるのか、踏ん張りがきく走法です。自分たちは力強い生活をしていることを示していこうと激励しています。大会当日は、胸がキリキリと締め付けられる思いでした。

「闘魂」の鉢巻きをして颯爽として、津安芸地区中学校駅伝大会での優勝、県中学校駅伝大会での八位入賞は嬉しさで一杯でした。選手の力走が今でも目に焼き付いていて、晴れ晴れしい表情が印象的でした。

三重県大会での三〇〇〇Mの個人の優勝、三重ロードレース大会（五〇〇〇M）での優勝（大会記録）、男子都道府県対抗駅伝大会への参加と、嬉しい一年間でした。

やれば必ずできることを認識できたことは、大きな財産となりました。少年たちと拳を突き上げての勝利の歓喜は一生忘れることがない共感でした。

平成十四年津市内近郊地区中学校駅伝競走大会

翔の日記

「平成十四年十月二十四日

明日は駅伝大会です。自分の力を出し切って、他の五人と力を合わせ気持ちをひとつにして優勝を目標に全力を出したいです。たぶん他の五人も同じ気持ちだと思うので、明日は楽しみだし、優勝して県大会に出たいです。明日渡すのは襷だけじゃあなく、自分たちの気持ちを一緒に渡せるようにしたいと思います。……

平成十四年十月二十五日

今回駅伝大会は初めてということで優勝できるかなと思っていました。結果は……優勝することが

でき、本当に良かったと思います。心配だった浩も頑張ってくれ四区の区間賞を取ってくれました。このことは予想外でした。四区だけでなく一区、二区、五区の区間賞もとれました。区間賞は全員五寮でした。……みんなの一人一人の気持ちが繋がった勝利だと思います。……

自分たちの目標も先生と同じ気持ちになれたので勝てたのだと思います。…次は県大会です。今のままでは一位になることは少し難しいと思います。…みんなが九分台で走れば優勝は間違いないです。…これから県大会に向けての指導の方よろしくお願いします。県大会で勝ち全国中学校駅伝大会がある山口県に行きたいです。みんなと協力して自分たちのため先生のため県大会で勝ちたいと思います。……

今日はみんなの気持ちが一つになり、とてもいい駅伝大会になりました。応援してくれたみんなに感謝したいです。」

大会当日は秋晴れでした。会場に行くと何人かの他校の教諭の人から「出場おめでとうございます。」との励ましの言葉を頂きました。胸が締め付けられる緊張感でした。圧倒的な独走でありましたが各区間ごとの選手たちにアドバイスし自信を持って走るように激励しました。閉会式で選手が優勝旗を手にしたときの喜びは今も目に焼き付いています。晴れ晴れしく学園に優勝旗を持ち帰ることになったのです。

卒業生からのたより

①職人として立ち、父母を支える剛のこと

「先生、保母さん、この前は野菜どうもありがとうございました。

この前十二月九日（日）に学習発表会があるという事で、久しぶりに学園に行きました。みんながそれぞれ発表しているのを見て、僕も懐かしく思い出しました。今年も野菜を出されていましたね。「流汗悟道」の文やたくさんの野菜を見ると、僕も学園で生活していた当時は、西田先生や寮のみんなと汗を流し、共に頑張って畑作業をしていたなと思い出しました。生徒の親は何気なく野菜を持ち帰っていましたが、その陰には、汗を流し苦労を重ねてきた先生やみんなの姿があることを、退園生である僕はわかります。

先生には、まず、僕の格好を注意されました。でも僕は自分の中味は変わっていない、その事をわかってほしいという気持ちがありました。学園で約三年間、僕なりに精一杯やってきたのだから、そう簡単には崩れない自信がありました。でも…先日ちょっとした事からとんでもない事に巻き込まれてしまいました。それは今はあえて言えませんが、西田先生は多分知っておられると思います。僕にはまだまだ弱い部分があったのです。でもこれを機会に、僕はまた一から考え直す事ができました。人が生きていく事とはどういう事か、今少しでもその課題を真剣に考えていきたいです。発表会では、先生に残念な思いをさせてしまい、本当にすみません。保母さんも、毎日早く起き、高校生の弁当など大変だと思いますが、どうか頑張って下さい。

西田先生、五寮のみんなも頑張って下さい。また、僕自身が落ち着いた時、みんなに顔を見せに行

きたいと思います。

平成十二年十二月」


学習発表会では、プログラムと一緒にアンケート用紙を渡しています。会の全体の感想を求めています。例年二百人近い来訪者ですが、野菜についての記述は、いつも二から三人しかない。山のように収穫した野菜は一瞬のうちに持ちかえられるのですが…（昼食前に）。その事を剛は手紙にしたためたのです。


「お久しぶりです。僕の気持ちが落ち着いてきたところで、手紙を書かせてもらいます。

僕が学園を出て、もう一年三か月ぐらいになります。早いものです。学園を出てからの日々が、自分でも信じられないぐらい、あっと言う間に過ぎていきました。本当に色々なことがありました。

先生やみんなに恥ずかしくて言えないような、自分がどんどん追いつめられていった時期もありました。働いていない時期もあり、毎日遊んでその日暮らしをしていた時もありました。馬鹿でしただけど、自分が落ち着いていって、やばくなった時、西田先生、保母さん、みんなと共に生活していた、頑張っていた頃の自分が思い出され、これでいいのかという思いに悩まされました。

今、仕事の方は正社員ではなくバイトですが見つかりました。もう七か月続いています。上の人にも期待され、お金の管理もまかされるような信頼も得る事ができました。今では、自分の心の中でやっ

と前向きにやっていこうという整理もつきました。僕が働いているのは夜勤なので、昼と夜が全く逆の生活です。それに今、昼間、自動車学校に通いながら働いているので、それもなかなか大変です。だけど自分なりに前向きに頑張っていける自信も今はあります。また、学園にも顔を出しに行きたいと思っています。

今はもう梅雨に入り、畑が心配な時期です。これからどんどん暑くなってくると思います。ランニング、畑作業、ほんとに大変だと思います。だけど頑張って下さい。学園を出てから、絶対、頑張っていた頃の自分と、社会へ出てからの自分を照らし合わせて、懐かしく思い出す時がくると思います。先生、保母さん、みんな、何度も手紙を書いてくれたのに、返事が書けなくてすみません。

平成十三年六月

剛より」

両親は剛が小学低学年の頃に離婚し、その後は、母が長男の剛、次男三男を引き取り養育しました。

中学二年生の二学期に、剛は長野県に住んでいた父と同居することになりましたが、父にも反抗し問題解決はなされず、中学三年生の春に児童養護施設に入所となりました。しかし職員に対する反抗、暴力、深夜徘徊、無免許運転等の問題行動を起こし、一時保護所に保護されたと記録はつづきます。

剛は国児学園入所を強く拒否し一時保護所で九〇キロ近くもある肥満した体で大暴れを

したために、六名の職員付き添いの入所となりました。平成十年の六月のことでした。

剛は安定していた寮のなかで、落ち着きを取り戻し、心根の優しさもあり、学園生活を受け入れることができました。しかし学園の暮らしのなかで、入園前の怠惰な生活習慣から脱け出すことは、彼にとって、心身の葛藤と苦悩が大きく辛いことであったと思います。

朝夕のランニングはいつも最後尾を走っていましたが、それでも自分と戦う姿勢がみてとれました。この懸命の頑張りにより、肥満した身体も精神も引き締まっていきました。

剛は資質的に高いものがあり、学力もメキメキと上がり力を発揮しました。高校進学を希望すれば進学校にも合格することはできたのですが、彼は職人の道を選択しました。義務教育終了後の二年間、彼は学園生活を続けましたが、最後の一年は職場への通勤となり、近隣の農場での就労も体験しました。

寮での彼の存在は他の寮生の心の安定に欠かせないものとなり、年下の世話をしたり励ましたりと、他児への優しさはきわだっていました。特に長距離走で活躍し全国都道府対抗男子駅伝にも出場した翔には兄貴的な係わりをもち大きな影響を与えてくれました。

大学の実習生が剛のことを職員と見間違えるほどに、温かい雰囲気と落ち着きをもって接していました。

父親は電話では保母に悪態をつき施設入所に不満の意を表して強制的に剛を引き取ると口にしましたが、父が面会にきた折に腹を割って話すと意外にも純な心根をしていました。真心をもって話せばよく理解してくれる父でした。

卒業後二、三年は不安定な時期があり気がかりでしたが、時折来園し学園での日々を思い起こしていました。平成二十年での国児学園百周年記念式典には多くの卒業生の中に剛が出席していました。

真っ黒に日に焼け、汗を流して働いている顔つきに逞しさを感じました。今は仕事も水道管工事の職人となり自営独立し、二児の父親として家庭をしっかり守っています。そして、剛は離別した父母のパイプ役としてそれぞれの幸福の絆となっています。

②後継者として自分と向き合う祐一郎

「西田先生へ

お手紙ありがとうございました。僕の方こそ、なかなか寮に顔を見せにいく事が出来ず申し訳ありません。

二年前、共に生活したM君やT君、S君などが元気に頑張っているとの事で、僕自身とても励みになりました。M君は卒業してから一度会った事がありましたので、毎日仕事頑張っていると聞いて、さすがM君だなぁと思いました。

今年は台風が多く、次から次へと来る台風に、「畑の野菜は大丈夫かな…」と心配していました。僕が生活させてもらっていた何年かの間にも、多くの台風が来ましたが、台風で畑が潰される度に、皆で一から作り直した事は、僕自身もよく覚えています。今まで暑い夏も、寒い冬も、必死になって作ってきた野菜や地面が一晩で消えてしまうというのは、言葉にならない程の気持ちになると思います。

今は寮から離れてしまったため、僕は何も出来ませんが、先生や寮の皆が、また一から頑張って畑を作っている、という事を思い出しながら、自分のやるべき事を頑張っていくつもりです。

大学の方も後期からゼミが始まりました。それぞれ研究テーマを決め、約二年かけて論文を作っていくという地道な作業ですが、自分に甘くせずにやっていこうと思っています。

本当に早いもので、学園を卒業し、大学に通い始めて二年目に入りました。寮から高校へ通わせてもらい、進路や生活の事など何から何まで、先生や保母さんにお世話になりながら、やっと入れた大学でしたが、家から通うというのは、寮の生活とは違い、全部自分で考え全て自分で選ぶ、という生活になります。初めの頃は、解放感からダラダラした生活を送っていた時期もありました。けど、結局ダラダラしていても、そのツケは必ず返ってきますし、人生に手は抜けないなぁ…と、とても実感しました。

卒業するまで気を抜かず、また学園の事や自分自身が過ごしてきた生活期間を思い出して精一杯やっていきたいと思っています。

先生が書いて下さった言葉、とても感動しました。僕も周りで支えて下さっている方々を大切にし、気にかけられているという事を忘れずに、生きていきたいと思います。

また、必ず寮の方に行かせてもらいます。先生、保母さん、寮の皆、本当に大変とは思いますが、体に気をつけて頑張って下さい。

祐一郎より

平成十六年十月八日」

「お手紙どうもありがとうございました。

千葉から三重に帰ってきた事、今までの仕事から離れ別の仕事をしている事など、こちらからはなすべきだったのですが、連絡が遅くなってしまい申し訳ありませんでした。

三重に帰って来てからは、少し実家を離れ一人暮らしをしており、大学を卒業後、自分が思っていた道とは少し違う方向に進んでしまう事になってしまいましたが、最低限、自分の生活は自分で作っていこうと思い、必死で働いてきました。帰ってきた事で後悔もありますが、今それを考えるよりも、その選択も必要だったんだと思えるように頑張っていきたいと思っています。

学園を離れ六年が経ち、僕も二四歳になりました。十代の頃や学生の頃とは違い、日々、「生きる」という事や、「働く」という事に悩みながらも、自分の人生を作っているところです。

一一月二九日の記念式典、是非参加させて頂きたいと思います。久々にあの学園の空気を吸い、自分を見つめ直す事で、あのとき自分がどういう思いで学園生活を送っていたのかを振り返り、今後の人生に活かしていければ、と思っています。

今も畑作業やマラソンで頑張っている寮生のために頑張っている先生方や保母さんに、負けないように自分も頑張ります。

では、また近々、電話でもご連絡させて頂きたいと思います。本当にありがとうございました。

祐一郎より」

平成二十年一〇月

中学生の頃の祐一郎は情緒的に不安定であり、過食と拒食を繰り返すところがありました。父は有名私立大学卒で、祖父が創設した企業D会社の責任者であり、温厚な人柄でした。母親も母性的な温かみのある人です。一歳年下の弟と本児の兄弟です。祐一郎は中学生になると非行文化に傾倒して問題行動を起こすようになり、平成十年に入園となりました。

入園の時、これからどうなるものなのかと、両親は悄然とし、祐一郎もうつむきかげんで、私にも目を合わすことができないほど落ち込んでいました。

入園当初の祐一郎は拒食の状態で正月が過ぎるまではその状況が続きましたが、〈生活が陶冶する〉と言われるように生活の匂いのする暮らしに馴染むにつれて、少しずつ本来持っているすぐれた資質が現れてきました。

春を迎えると、陽を浴びて草花が萌えるように、祐一郎もすくすくと伸びてきました。朝夕のランニング、畑作業の中で、思い切り汗を流し心身共に健康を取り戻し、学力もみるみるうちに向上していきました。

時折の面会時では、祖父母、父母と明るく語らう祐一郎の姿がありました。また、祐一郎が夕方のランニングで颯爽と走る姿に、両親は得心の笑顔を見せていました。

安定した寮の気風のなかで今までの生活を悔い改めて、祐一郎は大きく成長していきました。

高校へは寮からの通学となりました。

三年間の寮での暮らしと高校通学は、祐一郎に、鬱々とした気持ちや心の内の葛藤が、時折、見られるときもありましたが、なんとか難しい思春期を乗り越えることができて、高校を卒業しました。

学園生活と高校生活をやり通したことは、祐一郎に大きな自信を与えたようです。その後祐一郎は自宅に帰り、大学に入学し四年間の大学生活を無事終えて卒業しました。

学園での生活は、彼にとって忘れられない時として心身に深く刻み込まれたようです。

高校卒業後は祐一郎とは、しばしば手紙を交換したり、彼の方から来園したりと、相互の関係は続きました。

今では祐一郎は、会社の後継者として責任を任され、真に自立した好青年となっています。

祐一郎にとって学園で得たものは多いと思いますが、自分の甘さを知る契機となったと思います。そして、懸命に頑張る気風の中で少年たちが互いに励まし合う日々は、仲間との協力と忍耐を学ぶことになりました。

学園で流した汗と涙をいつまでも忘れることなく生きていってほしいと願っています。

祐一郎からのメッセージ

「私が県立国児学園に入園したのは平成10年の秋、ちょうど**少年法改正により少年教護院改め児童自立支援施設へと名称が変更になった年の事でした。**

当時、一四歳の私は不良行為をなし、世間一般的に言われる非行少年であり、本来の中学生がすべき学業や部活といった健全な生活とはかけ離れたものだったと思います。将来の夢や目標、こんな仕事がしたい、こういう趣味が持ちたい、という目的があるならまだしも、惰性で学校をサボり、先輩達にかわいがって貰えるように振る舞い「その環境」の中で居場所を探していたのだと思います。

国児学園での4年3カ月間の生活は幾多の出会いや貴重な体験があり一般の中学生・高校生とは違う中で人生において重要な事をたくさん学ばせて頂きました。全寮制という制度は、寮の先生・保母先生・同じ寮の仲間との共同生活で、24時間365日の時間を共有し本来の生活で隠していた部分や無意識な部分も含めその人の「素」が出てしまうものなので、自分の短所を見つけ直していったり、お互いにかかるストレスに耐える事で忍耐力をつけたり、常に相手の状況を見て感じる事で、思いやりの心を持つ場になりました。

当時の生活の流れは非常に規則正しいもので、朝の起床は夏5時45分 冬6時。起床後の早朝マラソ

ン、畑作業、校内での学業をはさみ、帰寮後も畑作業、夕方からマラソン、就寝も22時には消灯といった生活なので「衰えた体力の回復」どころかそれまで運動・体育が全くダメだった子でも陸上競技の県大会で上位入賞という驚くような結果が実績としてあるのだと思います。

学業においてもかなり配慮された環境だったと思います。別館の校内に移動し、通常の中等教育を受け（開始時には能力適正を見てもらった上、希望により各々の理解出来る範囲からの開始も出来ました）さらに高校進学・通学も可能であり（施設により）環境が整っているぶん、学園からの学業支援も充分に受けながら学習する事が可能だと思います。現に私も在園中、高校通学をさせて頂き、地方の私立ではありますが大学学士課程を無事終了する事が出来ました。

いくつか良い側面を上記に書かせて頂きましたが、当然その背景にあるものは当時見えていなかった多くの方々の「支え」だったと思います。

一番近い所から支えて頂いたのは先生・保母先生でした。

1月下旬の大雪が降った日も、8月中旬の真夏の太陽が照りつける日も常にシャツ1枚で生徒と共に走り、生徒達の家族に配る為に畑で野菜を作り、一日も休まず働き続けた先生。

朝から高校通学生の昼食の弁当を作り、在寮生徒の朝食・夕食の準備を手伝い、帰寮した時は校内での学業の様子を聞いて様々なアドバイスをし、またある時は体調の悪い生徒の看病をし、夜の日課である日記に毎日返事のコメントを書き、誰よりも早く起きて誰よりも遅く寝ていた保母先生。

自分の親以上に親としての気遣いを頂いた事が時に「もどかしい」事もありましたが、本当に年中無休で寝食を共にしてくださった先生・保母先生との生活がその後の人生に多く影響している事と実感します。

誰しも、青春時代の記憶は深く心に残るものであり、その後の人間形成においても多くの喜怒哀楽が豊かな人生を作るものだと今も思っています。しかし、成人し社会人として仕事をしているとその大半は辛く苦しい事であり、大人として生きる事が心底大変なものだと気付いた時、辛く耐えがたく日々逃げ出したいと考えていた「あの生活」の全てに感謝する日が必ずやってきます。学園を卒業して何のトラブルも無く順風万帆な人生を送る事は難しいですし、挫折や苦悩、人間関係で悩む事も日常ですが、先生・保母先生が日々私達に示していた姿勢とは真っ直ぐ向き合うという事だったのかなと感じます。私自身まだ未熟な部分の多い大人ですが、当時して頂いたように真っ直ぐ向き合う姿勢を示していく事が相手にも自分にも素晴らしい変化をもたらしていくものだと信じ、日々生きていこうと思います。」（平成二十七年三月）

③裕通、幸福になってくれ

「西田先生、この前の面会ありがとうございました。先生とこんなところで再会することになってしまい、本当に残念に思います。先生と話をしていて、高校の時がなつかしく思いました。あのまま高校を続けていたら選手になっていたかはわかりませんが、続けていればよかったのになと思いました。

西田先生が帰られてから、おじいちゃんが来てくれました。その時に色々と聞きました。僕もあれから色々考えていて、自分の幸せのために、おじいちゃんの幸せのために、今までの連れと縁を切りたいです。おじいちゃんからも、九州のことを聞きました。どんな仕事かわかりませんが、どんな仕事でも精一杯頑張っていくつもりです。

七月に入り暑い日が続きますが、保母さん、お元気ですか。保母さんには本当に色々とおせわになりました。鑑別所の中で生活していると、学園で生活したことを思い出します。

本当に色々な思い出があります。ランニングにしても、作業にしてもそうです。

ランニングの時、僕が中一の時でしたか、保母さんと寮のみんなと走りに行きました。タイムが十二分代から十一分代とアップしました。先生と一緒に走って、走りながら色々と声をかけてもらいました。

退園してから、僕は一回、三重大学のグランドや畑を見に行ったことがありました。もう周りが暗くなっていてあまり見えなかったけど、海側の井戸の所、ビニールハウス側に夏野菜のトンネルが作ってありました。僕はこの時、夏の暑い日に、みんなで畑に行って、スイカを食べたことを思い出しました。あの時のスイカは本当においしかったです。

色々と長くなりましたが、西田先生、保母さん、りょうせいのみなさん、これからも暑い日が続きますが、夏バテをしないように頑張って下さい。

おちついたら、先生、保母さんに会いに行きたいと思っています。へたくそな文章で申しわけありません。

僕のしんぱんは、今月の二六日一時一五分からです。それでは失礼します。

平成十三年一月七日　　　　　　　　　　　　　裕通」

「西田先生へ
先生、お元気でお過ごしでしょうか。季節も九月となり、まだ少し残暑の続く今日この頃となりました。先生、八月にお手紙ありがとうございました。手紙を読み、去年の夏に一緒に生活していた人の名前など浮かんできました。

三〇〇〇m優勝、おめでとうございます。私も高校一年の時、陸上を続けていれば、高校駅伝に出ていたかな、と昔の自分を思い出しました。

私は九月に入り、少年院生活も一一か月目となりました。私の予定の出院日は来月の十月です。私は社会に出たら、祖父を大切にし、一緒に暮らしていけるように生活設計を築いていかなければなりません。それに今の私は、親（母）との関係についても自分の方から受け入れ、今までの関係を改善していこうと思っています。保母さんから、よく言われていたように、親にしても、周りの人にしても、自分がしてほしいと思う事をしてほしかったら、まず相手に自分がしてほしいと思う事をしなくてはいけない、と自分の心に強く言い聞かせています。

先生、私は、今まで辛い時淋しい時、その時の嫌なことから逃れるために、自分の気持ちを自分が納得するように正当化していました。「自分以外にも悪い事をしている人はいるし、捕まらないひともいるんだ」と思っていました。そのうちに、「自分は捕まらないんだ」と思うようになりました。その時の自分は、自分の正しい心と向かい合うことはありませんでした。闘いに負けました。でもこの一年近くの院生活を始め、少しずつ自分との闘いに勝ってきたと思います。自分の立場の自覚、責任の重大性、いろいろな事を感じ生活をしています。

出院した後は、地元のI町で堂々と仕事をし暮らしていきたいと思っています。

私は十一月の園の学習発表会にお伺いしたいと思っています。楽しみです。

先生や保母さんに、ちゃんとした姿でお会いできる事を願い、ペンを置きます。頑張って下さい。

平成十四年九月六日

敬具
裕通」

私からの手紙

「お手紙有難う。少年院からの手紙は最後とのこと、今度会う時は、元気な姿で再会しましょう。学習発表会の時、学園に来たいようですが、君も知っているように、その時は、職員は忙しく、また生徒も親も来園していて、君とゆっくり話す時間もないので、違う日にして下さい。

少年院を出てからが、君の踏ん張りどころです。この仕事をして三十年になりますが、多くの少年は、緊張感を持続することができないで、再び少年院に逆戻りをすることがあります。そのようなことのないように肝に銘じて、心の底から幸福になることを決意して下さい。

私にとっても辛いことだし、お祖父ちゃんにとっても辛いことです。それよりも君自身が辛く哀しい人生を歩まなければならず、哀しいことです。

Ｉ町で、君がいつの日か仕事をし、家庭を築き、父親として自分の奥さん、子どもを幸福にするような男になって下さい。

今年度から、中学校の駅伝大会に出場します。目標もでき、朝夕のランニングも活気がでてきました。県大会上位を目標にしています。

いつも、今、在園している少年たちを励ますような先輩でありたいものです。裕通にも期待しています。

元気で、最後のシメの意味も含め、健康に留意して、頑張って下さい。流汗悟道
平成十四年十月」

④家族の一致を促した走太の自立

走太は、平成十一年十一月、小学五年生で園に入園しました。

家族構成は父母、走太、妹の四人。

走太は家庭、学校、地域で問題行動を起こし、医療的な治療を受けたことがありました。小学二年生から心の医療施設で治療を受け入退院を繰り返していました。治療効果が全く上がらず処遇が困難となり、国児学園に入所変更されることになりました。

入園当日、寮舎の玄関先で帰る父母に対してVサインをして、この寮舎は家庭的な雰囲気があるといって生活できる喜びを表わしていました。投薬が必要であるとのことでしたが（生活が陶冶する）との信念で投薬治療は一切止めることにしました。

走太は当初、仲間関係でうまく距離感がとれないと（自分の思うようにならないと）、全くピント外れな言動があらゆる場面で見られましたが、日々の落ち着いた暮らしや生活感に親しむにつれてピント外れな言動も少なくなっていきました。朝夕のランニング、畑

で汗を流すなど体を使うことには積極性を示し、グングンと成長して自信をつけ、それまでの鬱々とした表情は少しずつ解消されたのです。

入園後の心理検査では以前は家族描写には、鉛筆で真っ黒に塗りつぶされていたものが、その描写も父母妹など家族の顔形、表情が現れるようになりました。又、驚くことに、知能検査では以前に比べて指数はグンと高くなったのです。また、高校は学園から通学、Y工業高校の電子科に入学しました。県立の進学校レベルに匹敵する高校であること、陸上部も県内ではトップレベルにあることを含め、本人の能力を推し量り私が薦めました。（走太は、平成十四、十五年の津市内中学校駅伝大会で二区の選手として力走し、優勝を決定づける原動力としての活躍をして二連覇に貢献していました）

高校では学業も好成績をあげ、陸上クラブでも本人の居場所があり高校生活は楽しそうでした。

しかし学園からの通学には、走太はしばしば抵抗感を示し、不平不満の多い学園生活を送っていたことも半面の暮らしでした。まさしく職員にとっても忍耐のいる自立支援でもありました。

そして、走太の退園の日が訪れました。

走太の妹が保母に抱き付き、「ありがとうございました」と泣き崩れていたのを思い出します。

卒業後も、時折やってきて、畑で汗を流し土と触れ少年時代を懐かしんでいました。

今も時々、私の三反の畑にやってくる走太、彼は年齢を重ねるごとに、バランスのとれた青年になっています。父母との折り合いが悪かった少年時代から寛大な優しさで包み込む青年へと見事に成長したことに心から良かったと思います。


「拝啓　走太はげんきでしょうか。こちらは皆元気です。走太からの手紙読みました。靴の事喜んでいる様子を嬉しく思います。文武両道、いずれの道も目標を持って努力することは素晴らしいことです。目標達成のためには何が必要かを常に考え、怠けや甘えを自ら振り切って事に臨めば、良い結果が得られると信じています。

私は以前にもまして忙しく、お母さんや愛に淋しい想いをさせています。会社は来年五月に創業一〇〇周年を迎えます。大きな節目の年ですので、色々と改革や記念事業を行っています。

仕事は忙しく、家族の事を想う事が仕事への励みにもなっています。

お母さんの喜ぶ顔や走太、愛の成長振りが父の支えです。

実力テストや模擬試験があったらその結果を教えて下さい。またランニングの記録会の成績も手紙で教えて下さい。

先生方の教えを良く聞き、守り、また寮生の皆さんとも良い人間関係を築けるよう望んでいます。

父より

平成十五年五月十八日」

「拝啓

晩秋とは名ばかりの暖かい日が続きます。走太は元気でやっていますか。そろそろ走太の誕生日なのでカードを作りました。

さて、お母さんから、走太がY工業高校駅伝チームのメンバーに入ったと聞きました。残念ながら出走区はないようですが、一年近く故障に苦しんでいた事を考えると、走太自身の努力もさる事ながら、西田園長先生、保母先生、宮田先生をはじめ周囲の皆様のおかげだと思います。見守られている、支えられているという感謝の気持ちがあれば、明日はもっと良い日になると信じています。今年の正月、あれほど強く希望した高校に、今、通学している意義を、日々思い起こし、生活して下さい。

例年になく暖かい秋とは云え、気温の変化は大きく、油断すれば風邪を引きます。又身体が固くなって思わぬ怪我にもつながります。もうすぐ期末考査と思います。不得意科目こそ力を注いで、単位を落とすことなく、着実な成績を残せるよう努力して下さい。

敬白

父より

平成十六年十一月二十一日」

「あと何日あるのか、社会人となるまでに。今過ごしている日々は何を為すべき時なのか。その事を幾度も話して聞かせたはずだと思う。

今はひたすらにがむしゃらに毎日を生きて、吸収する時期ではないのか。まともな知恵も経験も功績もない者が、どの様な了見で、先生や親たちに小言を言おうというのか。あれやこれやへ理屈をこね、言い訳をして、一体何が残っているのか。中途半端な心と身体の結果ではないのか。

つべこべ考えず言われた事の倍、三倍やって見せろ！ やって見せてから文句を言え！

腹の底から、隣近所にまで聞こえる声で、「おはようございます」と言ってみろ！他人の三倍、作業をやってみろ！ そしてそれを半年以上続けてみろ！

やり遂げた後、先生や親に言いたい事が残っているなら言えば良い。

グタグタ言って日々を過ごせば不満だけが募って、心も身体もくさってしまう。

最後にもう一度言う。「寮の生活なくして、卒業も就職もない。全力を尽くして生活せよ」

平成十八年五月十日
父より　」

「謹啓
西田先生、保母先生には永らくのご無沙汰にて、ご無礼を致しますが、益々ご壮健にて活躍のことと拝察いたします。
さて、本年、愚息・走太も成人式を迎え、彼の地O村の式に参列致しました。また、妹の愛も今春大学受験を行い、四月より市立大学の学生として勉学に励むことになりました。
思えば、走太が小学校五年生の秋、先生方にお世話になった頃の願いが、「走太が一人前の社会人として自立し、家族が普通に暮らせる日を迎えたい」であり、先生方の長い間のご指導が、今日の私たちを現実にして下さったものと、深く感謝しております。今日も、母親からの電話に「岐阜のクロスカントリーの一〇マイル走で八位だったよ」と報告する走太、自信をつけつつ社会人として成長しようとする姿が伺え、安堵しております。これほど大きな導きをいただいた先生も、今春で定年を迎えられるはずと思い当たり、早速にも参上して御礼申し上げたいとは思いながら、諸般の事情でそれもかなわず、書状にて御礼申し上げ、また永年の労をねぎらいたいと存じます。

先生方は今後どのようになされるかは存じておりません。しかし、先生方から賜った教えと恩を忘れることなく、これからの日々を過ごして参るつもりです。

平成二十一年三月十四日　　　　　　　　　　　　　　　　　　　敬白」

走太からのメッセージ

「私が高校卒業後、大手と言われるこの会社へ入社して早八年がたち今では中堅社員として後輩を指導したりする立場で働いています。具体的な職務は服務規定に抵触するので割愛しますが現場の主担当者という立ち位置で顧客対応に日々追われています。下半期から特に年明けたこの時期からは顧客との契約納期が迫るので非常に忙しく日付けが変わるギリギリ迄仕事という事もありますがやり甲斐を持って働いています。悩むことや苦しいことも沢山ありますがそんな時は昔の生活を思い出し励みにしています。

今も真面目にやれているのは多感な十代に先生、保母さんに並々ならぬ愛情を持って育てて頂いたからこそと実感を持っています。思い出す事で一番印象深い事が怒られた事というのもなんだかなぁとは思いますが……何度も色んな事で怒られた事も今となっては良い思い出です。高校に行く事になってから特に怒られることは増えました。

携帯持ちたい 彼女が欲しい 友達と遊びたい etc…色んな欲望が増えて禁欲的なそして健康的な生活から逃れたいという葛藤ができた事が一番の要因でしょう。

当時は中々理解出来ず易きに流れたいという思いが強かったので逆怨みというか今考えると大変失礼な態度をとることも多かったです。

あの時分は本当に申し訳ないです。

愛情を持っているからこそ、期待しているからこそ怒られるということが実感出来る様になったのもお二人の元から去って随分経ってからです。怒り諭し道を正すっていう事はどれだけの気力と体力をつかい熱意や想いを相手に持たないといけないか…当時のことを思うと頭が上がりません。

私が今も昔もメンタル弱いなぁと思うのは陸上競技に関してです。実力はあるとされながらも個人では目立った結果を残せず怪我が多かったですが病は気からを私は体現していたのかも知れません。それでも日々のランニングから飛躍して陸上競技をやってこれた事は私の人生にとって大きな肥やしとなっています。特に中学生の時駅伝の地区予選で2年連続優勝したことは先生と飲むと必ずネタになるいい思い出です。

私自身が他の誰かと競えるものを培っていると自信に出来た大きなキッカケでもあります。スポーツ音痴な私にとって努力は裏切らないこの競技は相性が良かったのかもしれません。今も会社の陸上部に所属し続けているのがそのなによりの証拠でしょうし陸上とはこれからも長く付き合うのだろうと根拠なく思えます。

それに高校での陸上部での練習なども私にとっての一生の財産です。

あとは暑い日も寒い日も行った畑の野良仕事も切っても切れない事柄です。畑作業は不満そうだとよく怒られましたが私としては好きでした。暑くて喉が渇くこと、寒くて手足が凍えることが顔に出るだけなのですが… さておき、我らが畑は一番デカいのに一番綺麗で実りが多いことは自慢でした。青々と育つ野菜達を少し離れた所から風に吹かれる様を眺めると、高揚感というか充足した感慨を覚えたものです。春はイチゴ、夏は西瓜、メロン、秋は秋ナス、薩摩芋、冬は白菜などなど自分達で作った野菜というのは味は格別でしたしとても贅沢な経験をさせて貰いました。食いしん坊な私にはなおのことだったかもしれません。

たまにお伺いする際に野良仕事をすると普段嗅げない土の匂いに懐かしさを感じます。汗をかき手にマメをこさえながら労することをカッコいいと当時は思えませんでしたが、冷暖房のきいたオフィスで仕事をする人達より何倍もカッコいいと今や何処から見ても農家のおじさんになった先生を見て思います。

この正月も実家にて、両親や妹と酒を酌み交わし馬鹿話をしましたが何処にでもいる普通の家庭になったことに感慨をえるとともに結婚相手は居ないのかとプレッシャーを受ける近況です。それと妹ですがこの春から正式に弁護士事務所に入社という形で働く事が決定しました。保母さんにまた会いたいと言っているのでまたご迷惑でなければ妹同席で飲む機会を設けさせて下さい。　　　走太
平成二十七年三月」

⑤母の日に保母先生へ　次郎

「保母先生へ
学園を卒業して早いもので、もう一カ月がたちます。昨日は風邪を引いて一日寝てました。疲れが出たのか、体には十分気をつけたいです。昨日もつくづく感じましたが一人で生活を管理するというのは、大変なことです。学園にいる時、保母さんにどれだけ守られて生活していたか、よく分かります。学園なら付きっきりで保母さんが看病して下さっていました。つらい時もありますが、一年半、学園で生活した事を忘れず頑張りたいです。また今月中頃に、元気な顔を見せに行こうと思っています。生活するのに精一杯で大したプレゼントはできませんが、気持ちだけ受け取って下さい。

PS 先日頂いた野菜、Nさん、大寿司にも持って行きました。

市場の野菜よりもおいしいと驚いていました。先生にお礼を言っておいて下さいとのことでした。

四月七日　次郎　より」


「大変ご無沙汰して申し訳ありません。先日は突然のお電話失礼いたしました。お電話でもお話しましたが、今春より○○という映画会社に就職致しました。

今は『○○』という作品を担当しています。仕事内容は役者さんや監督の取材の調整、TVCMや予告編の制作、イベントのスケジュール組み、アテンダントなど、一般の人たちが映画に対して接する機会をより多く作ることが一番大きな仕事です。

本社では宣伝プロデューサー二人を含め、五人のスタッフで作品の宣伝もやっています。作品が大作ということもあり、電車で帰れずタクシー帰り、泊まりもしばしばですが、辛いと思うことはありません。将来はプロデューサーを目ざして実績を積み上げていこうと思います。

映画の資料と、主題のＣＤ、チケットの方を同封致しましたので、ご覧下さい。一二月一七日公開、サティにある「ワーナーマイカルシネマズ津」でご覧になれます。

年末には、時間があれば、三重の方に帰郷したいと思っていますので、その時はご挨拶に伺わせて頂きたいと思います。

先生、保母さん、体にお気をつけて、寮生の皆様に宜しくお伝え下さい。

平成十七年八月二三日　　　　次郎より」

次郎の両親は幼い頃に離婚し、家族は母、継父、本人、妹、弟の五人でした。小学生の頃は優秀な子どもでした。中学生になり、家庭に満たされないものがあったためか、非行文化に染まり、学校にはほとんど登校しなくなりました。そのために、中学三年生の一学期に養護施設に入ることになったのですが、施設に適応できず、九月に国児学園に入園となりました。

彼を自立させるためには、理屈より先に汗を流し、身体で覚えることが必要であると私は思いました。

寮舎では先輩たちが安定した暮らしをしていて、彼もその気風の影響を受け、自分の長所を伸ばし、しっかりとした芯をつくっていき、心身共に逞しさを身に着けていきました。

義務教育終了後は地元の高校へ行きたいという希望を強く持っていた彼でしたが、能力はあるものの、地元の中学での出席数は皆無であり内申書の段階で高校には不合格になるであろうとの在籍中学校の意向があり、彼は不本意ながら学園から、高校へ通学することになりました。高校一年時は学園から通学しましたが、その後は、寮生の数がオーバーになることもあって学園を卒業することになりました。卒業の前日に、園内のランニング記録会（五〇〇〇M）で最後の力を振り絞り一六分三七秒で一位となる力走をしました。最後の踏ん張りを見せる少年は自立できると常々思っていた私は彼に期待しました。昼間は高校通学、夜間は寿司屋での就労という環境でした。

しかし、心のバランスを崩し入院、三重大学付属病院の一室で憔悴しきった次郎に何をやっているんだとの深い怒りが渦巻きました。

その後の彼を深く案じましたが、彼は驚く程に回復し、心の闇を払拭し、大学検定試験に合格し、大学に入学、卒業をしたのです。

彼は大学生時代の夏休みに、北海道家庭学校を訪れ校内を案内してもらっています。

大学卒業後は映画会社に入社し、プロデューサーとして、着実に力を発揮し頑張っている次郎です。

家族の中では中心的柱であり、妹、弟の良き相談相手であり、支えとなっています。会う毎に社会人としての輝きと逞しさを増し、確実に歩んでいる彼を私たちは嬉しく思っています。

次郎からのメッセージ
学園生活とその後

「私は平成九年九月に国児学園に入園し、五R（西田寮）の生徒となりました。卒業まで一年半、先生、保母さんに指導頂きながら過ごした五寮での共同生活は、私の中で今の人生の礎を築いた一年半でした。入園から現在に至るまでを、当時の気持ちを交え振り返りたいと思います。

■入園～卒業
学園での生活を振り返ると、当時中学生の私には厳しく感じることが多かったです。朝・夕のランニング、畑作業、勉強、テレビは一日一時間、私物は筆記用具と衣服のみ。普通の中学生では送ることのない生活です。

畑作業は好きでした、夏も冬も嫌だと思ったことはありません。自分が種植えをした野菜が育ち、収穫を迎えることが嬉しかったです。夏の朝に焼いて食べたナス、冬の夜ストーブで茹でて食べたサツマイモの美味しさは忘れることができません。

朝夕のランニングはつらかったです。先生は各生徒の限界をしっかりと把握されており、少しでも緩むと厳しく指導されました。一切手を抜くことが出来ない緊張感が毎日ありました。その緊張感の中でタイムが伸び、自分を追い込めている時は、生活に活力が溢れていたように思います。

勉強面は驚くほど伸びました。小学校六年からほとんど勉強などした事の無い私は、学園で初めて勉強に向き合いました。入園して三ヶ月経つ頃には、小学校六年生から始めた教科書は、中学校三年生を終えるまでになり、目標としていた高校進学を考えられるレベルまで学力が上がりました。

高校の進学は、「早く学園を卒業したい、地元に帰りたい」という気持ちが強く地元の高校を希望したところ、先生に猛反対されました。きっと私の逃げたい心を見透かされていたのだと思います。先生、保母さん、児童相談所の先生、母親から一日がかりで説得を受け、学園から通える高校に受験を決めました。正直、その時は渋々という気持ちもありましたが、もし地元の高校に進学していたら、その後真っ当な人生は歩めていなかったと思いますので、先生の助言に従い本当に良かったと思っております。

当時、学園から昼制の高校へ通う生徒は珍しく、私の年は園全体で二例目の生徒でした。寮から高校へ通う生徒が増えれば、問題を起こす可能性もあり、通学・高校生活の準備など大変です。先生・保母さんの立場で考えれば、地元に返した方が楽だったに違いないにも関わらず、学園から高校に一年間通わせて頂いた事に感謝しております。

■卒業後〜高校退学

高校一年生の三月、飲食店の寮に住み込みで高校に通える環境を整えて頂き、私は学園を卒業しました。卒業まで一年半という期間は、当時の西田寮ではかなり短い方です。

卒業日の気持ちは鮮明に記憶しており、「真面目な生活を送ろう、必死に勉強しよう」との清浄な気持ちを抱いて卒業しました。しかし、管理されていない日常の中で自分を律するのは難しく、飲食店の仕事こそ真面目に勤めましたが、高校は次第に遅刻・欠席が多くなり、半年も過ぎると九〇人中五位以内に入っていた成績は、進級が難しいほど急落しました。

そして、卒業後一年余りが過ぎた頃、詳細は伏せさせて頂きますが、周りの方に多大なるご迷惑と心配をお掛けする事件を起こし、私は飲食店、少し間を置いて高校を辞めてしまいます。

■高校退学~社会人
学園を見学に来られた方は、礼儀正しく、健康的な生活を送っている私たちを見て、皆一様に「立派に更生しましたね」と言って帰られるそうです。しかし先生は「生徒十人の中で統計的に四人は施設に行く、悲しいけどそれが現実だ」と常日頃お話されておりました。

高校を辞め、アルバイトしながら過ごしている時、年齢が上がり非行がエスカレートしていた地元の旧友から何度か非行への誘いがありました。

その度に私は、「10分の4人には絶対に入らない！」と自分に言い聞かせ、遊ぶことはあっても非行の誘いは断りました。

現在交流はありませんが施設に入っている旧友も多いと聞いています。

私も西田寮でお世話にならなければ、間違いなく同じ道だったと思います。

最後の最後でブレーキを掛ける力を、先生は私に教えて下さったのだと思います。

その後、大検取得を経て大学進学し、今に至るわけですが、先生、保母さんを悲しませてしまったという負い目と、自分に自信がない生き方をしていた時期だったので、何年間も顔向けが出来ませんでした。

■社会に出て

平成17年4月に就職。一部上場企業という、私には出来過ぎの就職でした。同期を含め、会社の方は皆優秀で、海外留学・幼少時代からの文化教育など、私には持ち合わせていない教養を兼ね備えた方ばかりでした。学生時代の話をしていても、中学受験でその後の大学卒業まで決まるなど、私の中学生時代からは想像すらできない世界です。スタートラインが違うと感じました。

入社当初はなかなか馴染めず、疎外感を感じたのを覚えています。

私は先生が常々話して下さった「次郎物語」の言葉を思い出しました。

「100あるうち、99幸せで1つだけ不幸な人間が、自分を不幸だと思い込んでいる。逆に百あるうち九十九不幸でも1つの幸せがあれば、逞しく頑張っていける人間がいる」「君たちはマイナスのスタート地点から、後者の気持ちで頑張らなければならない」

複雑な環境で社会に出て行く私たちが、必ずぶつかるであろう困難を乗り越えて欲しいという気持ちを込めた教示だったと思います。

私は仕事に励みました。身だしなみに気を付け、素直な振る舞いを心掛け、上司や先輩に可愛がられるよう努力しました。積極的に会社の行事に参加し、後輩には生活が困らない範囲で飲みに誘いコミュニケーションを取る努力をしました。

一〇年が経ち、海外事業を推進するチームの中堅となった今では、同期に比べてなんら遜色ない社会人だと自負できます。

この頃から、やっと先生、保母さんに自信を持ってお会い出来るようになりました。

■先生、保母さんへ
私は人生の中で西田先生、保母さんの寮で生活できたことは本当に運が良かったと、今振り返って思います。

今日私が曲がりなりにも社会の一員として、安定した職業に就け、妻子ある家庭を持ち、生活できているのは先生と保母さんのお陰に他なりません。

先生、保母さんは私たちの為に、どれ程ご自身とご家族の生活を犠牲にされたのか。私は学園から高校へ通学させて頂いたので、保母さんには毎日お弁当を作って頂き、高校通学の準備など、人一倍お世話を掛けたと思います。

私が先生、保母さんの立場だったら、果たしてそこまでできるだろうか？

家庭を持って子の親となり、更にその思いが強くなります。

私に恩返しが出来ることは、家族を幸せにし、仕事を通じて社会に貢献することだと思っています。そして出来ることなら卒業生としてはもちろん、社会で立派だと言われる人間になりたいと思います。

最後になりますが、先生、保母さん本当にありがとうございました。

次郎

平成二十七年三月」

第三章　創立百周年記念式典に集まった青年たち

学園の暮らしが少年たちにとって、どうであったのか、その後の生き方にどう影響してきたかを、この章では自らを語ってくれた五人の卒業生に焦点をあて、真摯に思い返し考えたいと思います。

卒業生との交流は、主に電話や文通ですが、時には彼らが遠路はるばる会いに来てくれたり、こちらから先方に出向いたりと様々です。時に酒を酌み交わし、昔のことを懐かしみます。共に畑を耕し汗をかいたことを思い出しながら、これからの人生を語り合ったりしています。このような卒業生たちとの繋がりは、私たち夫婦の最上の喜びであります。

半面、最後まで心を開いてくれなかった卒業生も私たちは多くかかえています。

そんな卒業生たちに、私は心からの敬意と大きなエールを送ると共に、こころを閉ざした少年たちには、私たち寮担当者の思いが届かなかったことを残念に思っています。

百周年記念式典に集った卒業生は二十五名でした。父親と共に、祖母と共に、妻と共に参列した青年も多くいました。そのことは、嬉しく心が締め付けられることでした。

一　五人の卒園生からの言葉

【原点にもどりやり直す勇気をもつ】（一朗の在園生への励ましの言葉）

〈一朗ついて〉

一朗は昭和五十年八月中一の時、養護施設から措置変更で明石学園に入所しました。

私たち夫婦が寮舎を担当して二年目の夏でした。

学園全体の雰囲気も良いとは言えませんでした。当時の学園の在籍児童数は四〇名～六〇名で、少年の間の力関係で全体が影響されやすいという負の雰囲気があり、リーダー的な存在の少年が、力の弱い立場の少年を励ましたり、支えたりするような集団ではなかったのです。このような雰囲気の中で一朗は中学二年終了まで学園生活を過ごしました。

寮舎の取り組みとして朝夕のランニング、畑作業に力を入れました。

私たちは、学園の敷地内の空き地を次々に畑として活用していきました。

朝夕のランニングは外を走ったり、園内を走ったり私も少年たちと共に汗を流しました。私の寮の少年たちは当初は、なぜこんなことをやらなければならないのかとの態度も多く見られましたが、一朗が二年生の秋ごろから、この地道な取り組みは少年たちに浸透していきました。

私が北海道家庭学校で学んだことを、実際に学園で実践していったために、西田寮は厳し過ぎると、学園で風評となっていきました。勤めてから三年目の秋ごろから、畑では本物の野菜ができ始めました。

少年たちの多くは、心の中では自分を変えてしっかりとした人間となりたいとの願いは強く持っています。また半面、仲間同士の話題は、入園前の非行文化の話であったり、職員の悪口であったりと矛盾したものがあります。この話題が縮まりなくなっていくと、本物の自分との出会いがあるのです。一朗はそれをいち早くつかんだ少年でした。

一朗は学園生活の中で落ち着きを増し、学業も上がり、心身共に逞しくなっていきました。父も義理の母も彼の心の安定を認めて、中学復学を考えるようになっていきました。私たち担当者も一朗の前向きの姿勢を評価して、復学を決定したのでした。

中学二年のおわりに、こぼれるような笑顔をみせて地元の中学校にへ復学していきました。

その後、一年に一度は必ず来園してくれました。まだまだ心配だと思えることもありましたが、歳を重ねるにつれ安定をしていったのです。私たちが三重県に転勤してからますます、一朗との関係は深まっていきました。

多感な青春時代を乗り越えて、いろいろな経験を積み重ねながら、一朗は自動車整備会社を設立しました。

一朗は平成元年一二月に結婚しました。私は式に参列しました。新婦の兄が涙を流しながら加山雄三の〈僕の妹に〉を歌っていたことが思い出されます。

その後子どもが生まれ、一朗が仕事と家庭を両立させ、子どもを立派に育てていることを、私たちは心から嬉しく思っています。

私の卒業生三人も一朗の会社に就職させてもらったりと世話になったこともありました。また、三重県の児童相談所、児童養護施設職員の研修……等々で、施設体験者として話をしてもらったこともありました。

国児学園一〇〇周年式典での一朗のスピーチ

「私は、明石学園というところで、西田先生にお世話になりました。

西田先生が就任二年目のときだったと思います。先生がまだ二七歳であり血気盛んなところで、ものすごく怖い先生でした。今はだいぶ年をとられて、穏やかになられたと思っていますけれども。今日、ここで私がスピーチすることとですが、とりあえず皆さん、在園生の皆さんに、僕から一言だけ伝えたいと思います。

まず、服部先生もおっしゃったように、いま基礎をつくってください、という言葉がありました。僕もそこについては同感です。いまこの学園生活で、あなたたちがやっていることは、基礎をつくっていることなのですね。原点に戻れる基礎をつくってください。

これはどういうことかといいますと、たとえば先日、音楽プロデューサーの小室哲也さんが逮捕されました。彼は一〇〇億円稼いだことがあります。僕も事業をやっておりますけれど、到底一〇〇億円なんて稼げていません。でも彼はあるとき、韓国方面でビジネスを行い、七〇億円の損失を出してしまいました。そこから赤字が続き、五億円の詐欺事件を起こし逮捕されました。

そのときに、小室哲也さんが五億円の詐欺事件を起こさずに、一〇〇億円はもともとなかったものだからと思い直し、ゼロつまり原点に戻っていたら、もう一度、一からやり直していたら、また彼なら一〇〇億円を稼げたかもわかりません。

今この世界不況の中で、僕の会社もいつ倒産するかわかりません。そうなったときに、じゃあ、詐欺を働くのか、犯罪を起こすのか。多分ないでしょう。ゼロに戻ってもともとなかったものだと思えば、その必要はありません。

それと、何年か前になりますが、スーパースター・イチロー選手と話をする機会がありました。彼に僕が聞いたことは、「なぜ、あなたはそんなに野球がうまいのですか」。これはみんなの疑問だと思います。「いや、もともと野球は僕は下手でした。むしろ人より下手だった。努力を続けて続けてきたから、いまの自分がある」。これがイチロー選手の原点です。厳しい思いをした、それが原点です。今、在園生の皆さんがここにいらっしゃる、ここで生活しているということは、厳しい生活を続けて努力すること。これはあなたたちの原点になると思います。この原点が自分の自信になります。

イチロー選手も言っていました。

「原点からもう一度やりなおせば、スランプは克服できる」。

僕もそのように思っています。

僕は明石学園で生活したことが自分の原点だと思います。そのころ、小さな大会でしたが、マラソン大会、駅伝大会で賞をもらったことがあります。そこが僕の自信になっています。何か一つでもいいです。在園生の皆さん、今より明日明日より明後日、自分のタイムを上げる。農作業のつらさ、一つの野菜を完成させる。そういったことで、自分の自信を身につけてください。」

【ルールを守ること、利他的な気持ちを持つこと】（真一朗の在園生への励ましの言葉）

〈真一朗について〉

第一章四「家族が愛で結ばれるように」で述べた真一朗です。中学に入学した頃から不良グループとの付き合いが始まった真一朗の問題行動はエスカレートしていきました。彼は中学二年の時、生徒会長として活躍していましたが、教師への反目から対教師暴力へと発展し、学園入所となりました。当時社会問題化していた「校内暴力」の首謀者として真一朗は、中学二年時の昭和五十九年一月、学園入所となったのです。

真一朗の家族は父、母、姉、兄の五人で、両親は、焼き肉店とスナックを経営していました。彼は末っ子、両親にも兄弟にも可愛がられ甘やかされ育ったようです。小学校の担任によると、クラスの雰囲気は本児の気分に左右されることが多く、真一朗が少しでも笑うとホッとするような空気に包まれたとのことでした。

入園時、真一朗の態度は横柄で、私に対しても睨みつけ、大人を舐めきったようなところがありましたが、彼の不遜な態度や行動がここでは通らないことを寮の上級生の注意で知らされたようで、ほどなく態度は一変しました。それは真一朗が入所する前の三年間に校内暴力の事件を起こし家裁決定で入所した少年たちが寮の中心となり、良い雰囲気を作り、下級生を励まし見守り支えるような集団規範をつくっていたからでした。

新年度を迎え、真一朗の重しとなっていた上級生たちは高校進学・就職のため退園していきました。

真一朗は中学三年生となり、寮舎には、一学年上の中卒生が五名在籍していたにもかかわらず、まだ二か月の学園生活でしかない彼が、リーダー的な役割を他生から期待される存在となったのです。

そのような寮の雰囲気のなかで、寮の安定は真一朗によるところが大きかったのですが、彼は感情の起伏が激しく、情緒的にも不安定でした。

そんな真一朗でしたが、保母との交換日記には、保母の問いかけに丁寧に答えるところがあり、真面目な一面をみせていました。毎日の畑作業もきっちりとこなし、しっかりとした仕上がりを見せる几帳面さがありました。年下の、弱い存在の少年には優しく接することも多く、便を漏らした後輩のパンツも手洗いしてあげるなど、おどろくほどの心の優しさを示すこともありました。

夏が去り、学園では十月に、中学三年生（六〇余名）の修学旅行が実施されました。おそらく引率の職員の指示には従わないであろうということ、危うい綱渡りの状況であることを含めて、私が引率から外されるならば、問題が必ず起こることを危惧し、訴えました。

私の不安は的中しました。彼らは旅行初日から喫煙をし、引率職員の指示には従わず、やりたい放題の旅行となりました。旅行の帰途、神戸駅で集団で無断外出（私の寮生は四名）を決行したのでした。

無断外出から保護されて帰園した後も、学園全体は不安定な雰囲気で、無断外出は頻繁になり、おさまる気配がないかのようでした。

私の寮も、真一朗をはじめ数名の少年は不安定な暮らしを続け、私の指導援助に葛藤や敵意をもち続けていたように思われました。私たちが、それまで作り上げてきた寮の土台があっという間に崩れていく感がぬぐえず、落胆と焦りの日々でした。真一朗たち少年たちからすれば、日回寮は、果樹園、広い畑での労働、厳しい朝夕のランニングもあり、毎日が辛いとの不満が少年たちの間では充満していたのでした。それでも、数名の卒業生たちが来園して、真一朗たちに、考え直してがんばれと励ましに来てくれたことは、私にとって嬉しいことでした。

私たちにとっても寮の少年たちにとっても、そんな辛い葛藤の日々は過ぎていきました。翌年の春、私たちは、兵庫県立明石学園から三重県立国児学園に転勤になりました。最後まで、真一朗とは心からの握手ができず、寂しい別れとなりました。

十年余の歳月が流れ、平成七年の正月、思いがけず、真一朗が奥さんを連れて、学園を訪ねて来てくれました。目を疑うような立派な青年がそこに立っていたのです。在園当時の格闘と共感の日々が思い起こされましたが、お互い黙っていても通じ合うものがそこにあったように思えます。

それからは、真一朗は事あるごとにこちらの要請に応えてくれました。

今、真一朗は総合建築業を立ち上げ自営独立しています。家族を大切にし、三人の子どもたちもそれぞれ成長し、奥さんも「主人が良く仕事で頑張ってくれるので、家族のみんなが幸福に過ごしています」と話してくれて、私たち夫婦は嬉しい限りです。


国児学園一〇〇周年式典での真一朗のスピーチ

「こんにちは。私からは学園当時から今日にいたるまでの思いを少しお話させていただきたいと思います。

当時、非行に走った自分が、今こうして社会に出て普通に生活を送っていけるのは、学園生活で、先生や保母先生が親身になり自分を指導してくださったおかげだと、確信しています。学園にいたころは正直、つらいことの繰り返しで、早くここから出たいと思う毎日でした。修学旅行のときに逃げ出し、先生や保母先生を失望させたことを、卒園してからも今も後悔しています。

卒園してから幾度となく、先生から電話をいただきましたが、いつまでも自分のことを心配してくださっているのを知り、うれしく思いました。

学園生活を通じて、先生や保母先生が教えてくださったことは、「頑張ること、諦めないこと、ルールを守ること、利他的な気持ちを持つこと、そして、自分のことを心配してくれている人がたくさんいるのだ」ということです。

先生や保母先生がなされてきた学園の仕事は過酷なものだと思います。自分たちの生活のすべてを犠牲にし、生徒と共にある生活を続けられていました。自分を含め多くの生徒たちを導いてくださったのは、先生や保母先生の愛情のおかげだと思います。

そして、自分自身に厳しく、汚れのない先生や保母先生の人としての姿なのだと感謝しています。しかし、残念なことに、自分がこのように気づいたのは、卒園してずっと後のことであり、私が、人並みに生活が送れるようになってからのことでした。在園当時は気づかず、後悔しています。人は、いろいろなことに対して答えを出すのに、相当の時間を費やすのだなと思います。そして、相手の立場にならないと相手を理解することができないものだとも。卒園後、月日が過ぎて自分にも家族ができて、はじめて先生や保母先生に会いに行ったときに、正直怒られるのでないかと内心思ったりもしましたが、お二人は優しく迎えてくださいました。それまで自分のなかでモヤモヤしていた気持ちがなくなり、ほっとしました。そして、いつまでも思ってくれていることを、うれしく思いました。

この間、電話をしたときに、先生や保母先生が、「あなたたち生徒は、私たちの宝だから」とおっしゃってくださいました。自分にとっては、先生や保母先生は、親にも値するぐらいのかけがえのない存在だと思っています。

自分の周りの人たちは、「おまえは学園に行ってよかったな」と言ってくださいます。

自分にとっては、学園で生活したことも大事ですが、それ以上に、先生や保母先生に出会い、指導をしていただいたことがよかったのだと、今思っています。

最後に、自分が幸せになることが先生や保母先生の幸せであるのであれば、自分はもっともっと幸せになろうと思います。それが、先生や保母先生の求める答えであり、自分からのわずかな恩返しだと思っています。そして、いつまでも先生や保母先生の自慢の卒業生でいられるように、先生たちの

ように、自分に厳しく生きていこうと思います。

【達成する喜びを得てください】〈貴一の在園生への励ましの言葉〉

〈貴一について――当時としては画期的、学園から高校進学〉

学園入所当時、貴一の家族は父母、姉の四人です。お父さんは広島で被爆し戦災孤児となり、親戚で育ちました。京都の有名私立大学卒で、不動産屋を自営していました。お母さんも不幸な生い立ちを持っておられました。

貴一は中学入学後、非行文化に染まり、非行グループのなかで非行を重ねていきました。その結果、（彼は京都出身でしたが、京都の教護院に入所中の非行グループの仲間の少年から離す意味もあり）昭和五十七年九月（中３生）、彼は兵庫県の明石学園に入所となりました。

彼は愛情いっぱいの家庭で育ち、性格的には優しさと意志の弱さが同居していましたが、寮生活のなかでは、日に日に心身共に逞しくなっていきました。自分より恵まれない少年の哀しみを身近に知ったことは彼にとって大きな体験でした。

そして、高校受験となりましたが、まだ半年の在園であり、本物の成長とはなっていないことが明らかでしたので、児童相談所、中学校、父母、彼と私たち寮担当者との話し合いにより、学園に留まり一年留年し、高校受験をすることになりました。その一年の間、定期的に模擬試験、中学校の試験を受けながら頑張り通しました。この彼の驚く程の変革ぶりや成長に、元在籍中学校の担任は貴公子のようになったと称賛の声をあげていたことを思い出します。

高校合格を果たして彼は中学校を卒業しました。当時は教護院から高校進学した少年は数少なかったので、これは画期的な出来事でした。学園の卒業式には代表で真実味のある語りで答辞を読み上げていました。

退園の日、彼は泣き崩れて、いつまでもいつまでも手を振り、別れを惜しむように学園を去っていきました。

高校を卒業するまでの間、彼は京都から度々訪れ、寮生と共にランニングしたり、畑で汗を流したりしていました。

心の調整を図って、この学園での生活を思い起こしていました。

高校卒業後にこんな便りをよこしてくれました。

「先生、保母先生、お変わりありませんか。長い間ごぶさたしていてどうもすいません。時期によっては大変忙しく、残業、夜勤などザラにあります。

でも明石学園日回寮にいたころの体験が生きていて苦にならないし、頑張り甲斐があります。

わずかではずかしいのですが、その収入の内からささやかなものを贈らせていただきます。

今後も頑張ってやっていきますので、先生、保母先生も体に気をつけて頑張って下さい。

昭和六十二年七月五日　　　　　　　　　　　　　　　　　　　　　　　貴一より」


貴一は、高校卒業後、中堅の建築関係の会社に入社して、社会人として軌道を外れることなく今日まで頑張り通し、年齢を重ねるにつれ会社で重責を担う大きな存在となっていきました。

就職当初、彼のお父さんから次のような便りをいただきました。

「西田先生へ
御無沙汰致して居ります。皆様お変りなくお過ごしでしょうか。先生からはよくお電話をいただきますのに、こちらから近況の報告もせず申し訳なく思って居ります。
お陰さまで貴一は相変わらず忙しく、でも仕事はやり甲斐を感じて居る様で毎日張り切って居ります。
同封のコピーは、たまたま会社に提出した、自分の仕事に対する一口感想が、府の建築雑誌に掲載される事になったそうで、朝礼で社員の前で読まれたそうです。雑誌を送ろうと思っていましたが、まだ手に入りませんので原稿のコピーを見て頂く事にいたしました。

これから一層寒くなりますが、保母先生も子供さんも御身体に充分御注意下さって、好いお正月をお迎え下さい。

昭和六十二年十二月二十二日」

「現場監督になって（掲載記事）

僕は現場監督というこの仕事について、まだ日も浅いですが、最初に思った事は、僕がこの年齢で、人を指示する側に立てるのに驚きました。僕から見れば、下請けの作業員の人たちは、皆年上の方です。そして肉体労働を長年している人に、年若い僕が生意気に指示するのは非常に気が引けました。

また、現場についたり、器械で測量したりする責任の重い仕事なので、失敗しないかとはらはらする事もありました。しかし、今では大分仕事も覚え作業員の人たちも僕の言う事を快く受け入れてくれるので、充実感に満ち溢れています。でも、まだまだ僕が覚えた仕事等ほんの一部分だと思います。

これからも一つ一つ自ら進んで、上司や先輩に教わり、たくさんの仕事を身につけていきたいと思います。そして一つの事をやり遂げた後の満足感によって、働く事の喜びを得、上司や先輩達の役に立つ様に、立派な社会人になれるよう取り組んで行きます。」

お母さんからの手紙

「木々の緑もすっかり繁り、これからの暑さを思わせるようです。

先日は、貴一の結婚式に、御多忙の中御出席頂き、その上お祝いを頂きまして誠にありがとうございました。

今でも当日の披露宴の時を思い出しますと感無量で胸にせまるものがございます。

貴一をここまで見守って頂きました事は、言葉や文字では云い表せない思いで一ぱいで感謝と共に心より厚くお礼を申し上げます。

貴一も西田先生が気にかけて下さっていますことで、色々な出来事も又会社でも頑張って来ましたことと思います。この上は伴侶を得た事で、家族の思いやりとか社会の為にと一段と成長してほしいと願うばかりでございます。その中に、両親の気持やら子供を育てる苦労も分かってくると信じて、孫の誕生を楽しみにしております。

これからも相変わらず御指導を下さいます様よろしくお願い申し上げます。

末筆になりましたが、保母先生にもよろしく御伝え下さいませ。酷暑の折くれぐれも御身体、大切にお過ごし下さいませ。先ずは御礼まで

平成十二年七月十一日」

私が国児学園に転勤してからも貴一とはたびたび会い語らい、私が地元の中学校から講演依頼を受けた時も、彼にも自らの体験を語ってもらったこともありました。又、学園の小学六年生の修学旅行の宿舎を訪れてくれたりもしました。

貴一は、いつまでも少年時代に鍛えた日々を忘れずに、それを今の職場生活や家庭生活に生かして生きています。

「達成する喜びを得てください」　国児学園一〇〇周年式典での貴一のスピーチ

「私は中学三年生のときに、一年七か月の間、明石学園の西田先生の寮でお世話になっていました。そして、学園から公立高校に進学いたしまして、卒業を経て、建設会社に就職いたしました。現在、工事現場の所長をしております。

当時のことをふりかえりますと、正直に言いますと、先生のご指導は、非常に厳しかったです。暑さ寒さに耐えながらの日々の農作業、また、常に全力でのマラソンや、規則正しい集団生活も、心の弱かった私にとっては、嫌でつらくて、もう朝が来ないでほしいと祈るような思いでいっぱいの毎日でした。

その時は私は未熟でまだ理解できなかったのですが、先生から私は「常に目標を持つこと、それを達成するときに喜びがある」ということを教えていただいたのだと思います。汗をして育てた野菜や果物が畑一面にたくさんの実をつけ、みんなでたらふく食べたスイカ、メロン、ビワ、イチゴの味を決して忘れることはできません。

また、気持ちの弱かった私が、いつも私の前を走っていたライバルを追い越したときに、「初めて自分に自信をもった」その達成感と満足感というのは一生忘れることはありません。

労せずに安易に得たものは身につかない、と申しますが、「苦労して得たものは自分自身の心と体に深く刻まれておりまして、それを成し遂げたときには、達成感、充実感、知識、人脈として形を変えて、

自分自身に**返**ってくると**思**います。

私自身、あの**生活**があったからこそ、**今**の**自分**があると**思**っています。

今、**学園**で**生活**されている**皆**さんも、しんどいとか、つらいと**思**っているかもしれませんけれど、**将来**、**必**ず**役**に**立**ちます。ほかでは**経験**することのできない、**貴重**な**経験**であることは**間違**いありません。

常に**目標**を**持**って、**達成**する**喜**びを**得**て、**今**の**生活**を**頑張**っていっていただきたいと**思**います。**以上**です。」

【何事も人のせいではない】（英明の在園生への励ましの言葉）

〈英明について〉

英明は学園から定時制高校に進学し、昼間はA鋼管の塗装工として就労しました。高校を卒業してからも塗装工一筋で、今年で二十一年目、継続は力なりで、一流の職人として頑張っています。在園中は寮生の模範となって暮らし、みんなに慕われていました。現在、三十六歳。

英明の身長は一七五センチと長身。入園当初は、ひ弱な自信のなさそうな表情が見られました。学園生活が辛く、家庭が恋しいのか、メソメソと涙するすがたがしばしばみられました。

心根の優しい彼は、辛抱強いところもあり、学園生活に馴染むにつれ、気弱な気持ちは見られなくなっていきました。職員に対しても素直であり、生徒間でもトラブルを起こすようなことはありませんでした。

英明が在園していた時期は、寮は不安定なメンバーで構成されていましたが、彼は他生に優しくかかわり、集団を和ませる存在であったため、同寮のみんなから好かれ、寮はまとまりをみせていました。何事にも一生懸命に努力する彼は、学力も体力も精神力もみるみる成長し逞しくなっていきました。生活を積み重ねる中で、苦しいことにも音をあげない少年に変革していきました。

英明は義務教育終了後も一年在園し、一年遅れで定時制高校に入学しました。昼間は塗装の職場で就労し、夜は夜間の高校へと通学しました。高校の一学期終了後に学園を卒園していきました。

高校卒業後も仕事は一筋に塗装業で働き続けて職人の道を切り開いていきました。彼は、「心がモヤモヤします。畑で汗を流させてください」としばしばやってきて大地を耕したこともありました。又、畑は学園の敷地内にはなく借地であることから夜来て少年時代の汗したことを思い出していたとのことでした。

平成二十年の国児学園百周年記念式典で英明は学園生に励ましのスピーチをしてくれました。力強い顔付きの職人の姿の英明でした。

平成二十五年の年賀状には「二年間、三重大学病院の工事で頑張りました。今も塗装で頑張っています。先生も体、お大事に」とありました。思春期の鬱々としたものは解消されて、いつまでも汗して働くことを大事にしていることを嬉しく思います。

「先生、保母さん、五寮のみんな、元気ですか。卒業してから、初めて手紙を書きますが、卒業して二年と三か月です。今思うと早いですねえ。

十二月二一日の高校駅伝をテレビでずっと観ていました。一生懸命する事は、かっこいいですね。学園にいるとき、一〇〇％の力を出していれば、今ごろ、後悔する事もなかったと思います。私は、心のなかの自分と一〇〇％戦えませんでした。

五〇〇〇メートル一六分五九秒、あれは本当の記録ではないと思います。

東京に行って八位に入賞したのも、西田先生が自分の心のなかにいたからこそです。

卒業して、仕事はしていたものの、生活はダラダラでしたが、今では先生が自信をもって他人に話のできる卒業生になりたいと思っています。一八歳という年齢ではなく、一人前の社会人としてやっていきたいと真剣に思っています。そのために、もう一度陸上に挑戦しようと思います。髪を年末にはバッサリ切ろうと思っています。来年六月の定時制の高校県大会に出場し、一五〇〇メートルで優勝しようと思います。はっきりいって今からではおそいかもしれませんがやってみせます。西脇工業の監督が言っていました。一番のライバルは己の心だと。

今、私は一八歳です。若いうちに、何かを残したいのです。

学園に入って陸上を始めました。でも、学園にいる時は、ただ毎日の生活をくり返しているだけでした。そして卒業して二年三か月、自分のダメさ加減に気づき始めました。「俺は学園で何をしていたのだ」と。

「人生はマラソンだ」と先生は言っていました。中途半端な人生だと、四十年、五十年たって、必ず後悔すると思います。今できる事にチャレンジしたいのです。

P・S　年末か年始に、うかがいます。その時はよろしくお願いします。

英明より

平成一〇年一二月」

国児学園一〇〇周年記念式典の英明のスピーチ
「こんにちは。今、僕は二九歳で塗装の仕事をしています。
人は社会に出てしまうと、年齢・地位・性別は全く関係ありません。今、その社会の中で、僕は奮闘中です。
最近、一番考えさせられたことは、「何事も人のせいではない」ということです。表面上には、この意味はよくわかっているつもりなのですが、何事も人のせいではないという意味の深さに、人生の醍醐味を味わって、頑張っています。時折、自分の人生をさかのぼってみることがありますが、起きた

ことすべてにおいて素直に受け入れることができなかった感じがします。

ちょうど、この学園にお世話になったころは、母親や西田先生たちの考えが僕にはわかりませんでした。

少しずつ過去を振り返り、周りの人たちがどんなに自分のことを思ってくださったのか、心に思うようになりました。こんなふうに思うことができるようになったのは、僕の人生経験の中にこの学園で暮らしたことがあったからです。

出来事の一つ一つに無駄なことは一つもありません。これからの人生、起きたことの意味を深く受け入れて、人に何かをしてもらうことではなく、みずから率先して行動していきたいと思っています。

自分の人生は一度きりです。一度の人生なので、一日一日を大切に生きていきたいと思います。」

【本物の自分になってほしい】（敬一の在園生への励ましの言葉）

〈敬一について〉


平成十一年八月、中学三年生の敬一は学園に入所となりました。

付き添ってきた父は、安定した寮舎の雰囲気や寮生の礼儀正しく表裏のない態度を肌で感じたのか、すっかり安心し、それまで持っていた学園に対しての偏見を払拭したような面持ちでした。保母のさりげなくやさしい対応にも安堵の表情でした。帰りしな、寮舎の玄関口で、「敬一の求めていたものがここにはあるな。ここでやっていけそうやな」と言って涙ぐむ父に対し、「うん」と素直に答える敬一でした。

父子家庭で育った敬一は、保母との接触にはぎこちなく、緊張感も強く、硬い表情でした。チック症状もあり、顔をしかめたり首を振ることがしばしばありました。この症状も寮生活になれるにつれ解消されていきました。

内面では心の不安、葛藤等見られるものの、表には決して出さない敬一でした。あまりにもスキのない生活姿勢から、過剰適応であるのではないかとの他の職員からの評価もあったくらいでした。他者に媚びない、しっかりした態度がありました。

義務教育終了後も、敬一は学園に残って生活をしました。学園の非行レベルの高い少年たちとの雰囲気の中での、本館での学習、課外活動等は、本児の心を維持することは辛く苦しいことでした。高校は学園から受験し、T工業高校へ入学しました。

入学早々、学園入所前の非行グループの連中から「敬一を出せ、今から学園をつぶしに行く、大勢で押しかけていく」との脅迫電話が数回ありました。私は敬一に、何も心配せず通学しなさいと言い含めました。彼は私からの助言をしっかり守り毅然とした態度を崩さず高校生活を送っていきました。学園入所前の敬一を知っている元中学校の同級生だった女子高校生から、「敬一君は本当に変わったね」との言葉をかけられたと言っていました。

高校での成績は三年間、首席を維持しました。クラブ活動には所属せず、陸上の大会には出場して長距離走でトップレベルのタイムを出し活躍しました。敬一の生活態度には、何としても父、兄たちの願いに報いたいと、強い意志で自分の人生を歩みたいと心に期していたことがうかがえました。

高校三年生になると心に余裕がうまれ、自然体での生活となっていきました。

高校卒業の日、寮舎の玄関口で「敬一、よく頑張ったな」と父は涙ぐんでいました。

敬一は学園との別れの日、父の車の助手席で、小さく何度も頷き新しい人生の門出を確認しているかのようでした。

あの日から歳月が流れ、大手の会社に入社した敬一は、今では、海外に仕事の場も与えられ、会社の貴重な戦力として活躍し、本物であったことを証明しています。

一〇〇周年記念式典には父親も参列して、敬一のスピーチを真っ直ぐ見つめて聞いていました。

国児学園一〇〇周年記念式典の敬一のスピーチ

「私の家族は、園にいたころは、父親、三人兄弟の四人家族でした。母親は私を産んですぐに悪性腫

瘍のために亡くなったのですけれど、その時、私が○歳、次男二歳、長男五歳という状況下で、父親は男手一つで私たちを一生懸命に育ててくれました。毎日の食事、洗濯なども一人でやって、そして寝る間も惜しんで新聞配達をして頑張り、私たちを一生懸命育ててくれました。

そういう父親の後ろ姿を見て育ってきたのですが、道を外れてしまい学園に入ることになりました。西田寮に入った私は、初めは、朝夕のランニングが本当につらくて、なぜこういう生活をしなければいけないんだ、という気持ちでいっぱいでした。

しかし、先生も保母さんも一日も休むことなく、一生懸命私たちに向き合って生活してくださいました。その後ろ姿をみながら、少しずつ自分自身を見つめ直すことができ、少しずつ変わっていくことができました。周りのいろいろな支えがありまして、園からT工業高校に通うことができました。毎朝、保母さんにおいしいお弁当をつくっていただいて、本当に今でも感謝しています。

そして、無事、高校三年を過ごし卒業できまして、会社に入社し、来年の四月で満五年になります。私にとっての学園生活は、やはり朝夕のランニング、そして畑作業です。毎日のランニングはつらいものですが、一生懸命走っていると、記録も伸び喜びになってきますし、畑作業も野菜が大きく育ってくれると、本当にうれしく思います。

私が、今の学園の生徒に一番言いたいことは、いつも先生に言われていたことですが、本物の自分になってほしいということです。社会に出て苦労するのは自分自身なのです。なので、ここで一生懸命頑張って、社会に出ても通用するような人間になって、本物の自分になって社会に出ていけるように頑張ってほしいと思います。

私にとっての宝物は、学園生活、五寮で生活したこと、西田先生や保母さんです。これからも、学園で生活したことを誇りに思い、一生懸命頑張っていきたいと思います。」

敬一の父からの手紙

「拝啓　西田園長先生、西田保母様
敬一の在園中は本当にお世話になり、ありがとうございました。この一言では片付けられないほどお世話になり誠にありがとうございました。
敬一が卒園し就職して一か月程たちました。長男も病院を退院して、私も日々の生活に落ち着きを取り戻しつつあります。敬一の近況ですが、いままで新入生ばかりが一つの寮におりましたが、ぼちぼち配属が決まり出し、友達になった九州の子たちともお別れしなければならないそうです。配属先は、やはり高校での成績が物を言ったようで、組立やラインではなく、なんと保全、機械のメンテナンスをやるそうです。今は会社の学校卒の人たちと一緒に講義を受けているそうです。一か月程度の海外派遣もあるそうです。十年位先の話でしょうね。
今、敬一の事をこうして書いていると、五年位前の事を思うと、現在の事がまるで夢のようで、ほんとうに私は幸福です。この幸福を二度となくさないように、敬一と私でしっかりつかんで、手を取り合って生きてゆきます。ほんとうにお世話になりありがとうございました。
敬具
平成十六年五日」

第四章　人生の軌跡

平成二十一年四月一日、その日は粉雪が舞っていました。

定年退職したとはいえ、長年の習性の如く早朝のランニングをした後、大地に立ち、鍬を入れました。新たに借りたその地面は固く、作物が育つような土地ではありませんでした。その固さが、これからの第二の人生の大変さを告げているようでした。共に汗した少年たちの姿はなく、鍬を持つ私だけが荒地を耕しているだけでした。三十五年間の少年たちとの暮らしが終わりを告げていることを私は認めざるを得ませんでした。時として少年たちとの生活に抵抗感を持っていることもあり、やっと自由を得たにもかかわらず。寂寥を感じながらも私は第二の人生を妻と二人で歩みだしたのでした。

ふりかえれば時の流れは早いもので、北海道家庭学校での一年の実習から三十八年の年月が過ぎ去っていました。

私は荒地を耕しながら、少年たちと共に暮らし生きてきた道をふりかえっていました。
私には人生の軌跡が、大きく分けて三つあったように思います。

一つめは、大学入学、編入学、休学、復学の青春時代
二つめは、兵庫県立明石学園での十一年間
三つめは、三重県立国児学園での二十四年間

この三つの軌跡に、私はどのような選択を行い決断したのか。自分の理想を模索し、自分の生きていく支えを見出し、北海道家庭学校で学んだことを心に刻み教護（児童自立支援）をやり通すことができたのか、をふりかえってみたいと思います。

一　学生時代

私は昭和四十二年に熊本商科大学に入学しました。
大学入学時のオリエンテーションで空手道部の紹介と演武がありました。

五十余名の部員たちの凛とした迫力、姿勢に、圧倒され、自分の精神や肉体を鍛えたいとの気持ちが強くもたげ、すぐに入部を決断しました。入部した新入生は二十七名で、練習の時間帯は午後四時～六時半、基本の突き・蹴り・移動をしながらの受け・突き・蹴りと様々な型の繰り返しでした。空手道は緊張と集中力の連続で、精魂を燃え尽くすような時間でした。辛いと感じたことはあったものの、辞めたいと思ったことは一度もありませんでした。

先輩たちの空手にかける青春の息吹に胸を打たれました。自分も強くなりたい、冷静さを持った自信に満ちた青年になりたいと強く心に思いました。空手の強い先輩ほど謙虚であり優しさもあり、そういう先輩に憧れました。

厳しい練習で精魂を使い果たした後の爽快感は、言葉では言いつくせないものがありました。

クラブの充実した時間が生活によい影響を与え、学業にも集中できました。夜は司馬遼太郎、吉川英治、夏目漱石、三島由紀夫等の作品を読破していきました。肉体の燃焼は静かな精神的なものを求めるというバランスの取れたものとなっていたと思います。人生で最も充実した時となりました。

故郷に春、夏、冬に帰省すると父母は私がまじめに大学生活を送っていることを思い得心のいく笑顔をうかべ嬉しそうでした。しかし、私の心の中には、今の大学生活を肯定はしているものの、一度だけの人生、何かに自分の精魂をすべて傾けることのできる仕事につきたいという向上心が芽生えていました。

大学二年となり、読書した中で、司馬遼太郎の『龍馬がゆく』、吉川英治の『宮本武蔵』に感銘していました。共に五巻、六巻からなる本です。龍馬は泣き虫で気が弱い少年でしたが剣術で自信を持ち逞しくなっていったこと、その後、明治維新の立役者として歴史上の人物になったのでした。武蔵は家庭的に不遇で蛮勇な少年時代でありましたが、沢庵和尚との出会いで改心して剣の道を極めていったのです。二人の作者の意図する龍馬、武蔵像に心を動かされました。人の心に影響を与える仕事、「非行に走った少年を教育する仕事」をしたいとの思いが、その時芽生え始めていたのでした。

その年の夏休みに岩手県にある小岩井農場で私は実習をしました。二六〇〇ヘクタールの広大な農場で朝は五時前から搾乳、牛の餌付け、牛舎の糞だし、牧草刈り等、夕方まで目に沁みるような青空の下で汗を流しました。東北大学、茨城大学、東京農業大学等の農学部の学生と共に働き、夜は人生を語り合ったりしました。

小岩井農場の実習を終えた私は、人生は一度限り、大学を転学して福祉の世界に入ろうと決意をしました。

ただ心残りは、大学の空手部のことでした。一学年上の先輩たちは強者揃いで学生界での活躍は間違いないことでした。先輩たちからは「あいつはこれから強くなるぞ」とよく言われていました。私はグングンと突きも蹴りも上達し鋭くなっている自分を感じていました。

大学を転学することを決めた時、空手道の先輩たちや同級生、そして下級生からも惜しまれましたが、日本福祉大学に変わっても空手はできると思っていました。（もし、その時、国立武蔵野学院教護職員養成所の存在を知っていたら熊本商科大学を卒業して養成所に行くことを選択したと思います）

私の日本福祉大学への編入学を、父母は決して快しとはしなかったのでした。

福祉への道

昭和四十四年四月、大学三年生になった私は郷里・岩国から名古屋・日本福祉大学に向かうために夜行列車に乗りました。列車には、偶然にも熊本商大空手部の二級先輩である川島・福田両氏が就職先に赴くため乗車していたのです。両先輩は大阪で下車し、別れ際に、「熊本に未練があるな、自分が決めた道だ、頑張れ」と励まされた言葉を思い出します。

編入学した日本福祉大学は政治活動などが校内で行われ騒然とした雰囲気に包まれていました。当時は第二次安保紛争の最中で全国的に学生運動が興り、校内はどこに行っても政治、社会、大学の在り方に疑問を持ち反体制を唱える学生たちで溢れていました。日本福祉大学も毎日のように校内で抗議集会を行っており、私は抵抗感をおぼえました。

大学の空手部には入部をしたいと願いでましたが拒否されました。空手の流派が違うとか黒帯を外せとか曖昧な返事ばかりで、時は過ぎました。入部させたくないのだ、ここでも福祉を志す学生がとるべき態度ではないことに怒りを感じることになりました。なぜこんな大学に編入したのだろう…と後悔の日々を過ごすことになりました。

その年の十一月、熊本商科大学空手道部は全国学生空手道選手権大会で優勝したのです。三人の先輩（木庭、常岡、杉本）、同級生（野崎）、後輩（米満）のチームでの快挙でした。その報を複雑な思いで聞きました。当時、熊本の知人から「複雑な思いであろうが、今は同じ汗を流した友の活躍を喜んでやってほしい」との手紙をもらったこともありました。涙が止めどもなくこぼれ落ちたのを昨日のことのように思い出します。

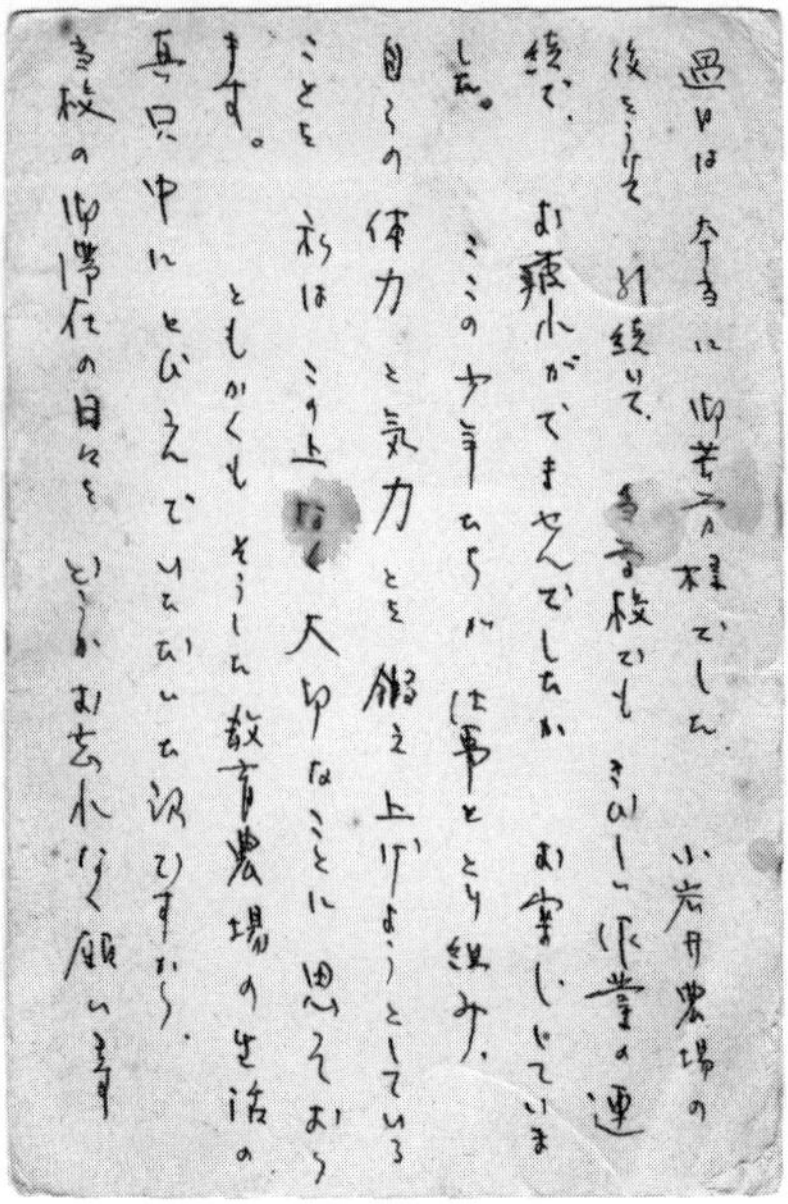
過日は本当に御苦労様でした。小岩井農場の後をうけて引続いて、当学校でもきびしい作業の連続で、お疲れがでませんでしたか、お案じしていました。ここの少年たちが作業ととり組み、自らの体力と気力とを鍛え上げようとしていることを私はこの上なく大切なことに思えております。ともかくもそうした教育農場の生活の真只中にとびこんでいただいた訳ですから。当校の御滞在の日々をどうかお忘れなく願います

（谷昌恒校長からのハガキ、一九六九）

救いは、大学の生協で、『教育農場五十年』（留岡清男著、岩波書店）の本を手にし、北海道家庭学校の存在を知ったことでした。本を一気に読み終え、私は留岡清男先生に実習を許可してもらえるように手紙を出し、先生から許可を得ることができました。私は、その年の夏休みの二週間を利用して北海道家庭学校で実習をしたのでした。

当時は留岡清男先生から谷昌恒校長に交代した時期で、私は校長室の谷先生から、「AからBの距離は、BからAの距離に等しい」と実習生としての心構えを教えていただいたことや、酪農部担当寮長の川口正夫先生は「君は、家庭学校向きの青年だな」といわれたことも印象として深く残っています。私は家庭学校二週間の

実習で、ここには人への愛があり義がある、と心に深く刻むことができました。谷昌恒校長からは「ここの少年たちが仕事ととり組み、自らの体力と気力とを鍛え上げようとしていることを、私はこの上なく大切なことに思っております」とのハガキを頂きました。

大学三年生の秋は深まり、私は自らの将来を、道を如何に定めるべきかと考えあぐむ日々を過ごしていました。大学の校風になじめず、非行問題研究会のサークルで他府県の教護院を定期的に訪問しましたが、得心ができず、自らの方向性が定まらないままでした。

そのような不安定な中で、谷昌恒校長に北海道家庭学校での一年間の実習をお願いしたのでした。先生からの返事は快諾とは思えませんでしたが、彷徨える青年を救ってやろうとの慈愛であったと思いますが、実習は許可されました。

大学の一年の休学について、私は父母の承諾を得ずに実行しました。父母を説得しても理解を得られないと思っていたからでした。

昭和四十五年三月、父母は、「四年生最後の年、頑張って生活をしなさい」と玄関先で送り出してくれました。なんとなく母は何かを感じることがあるのか玄関先で泣き崩れて私を見送っていたのでした。

なんであれ希望を抱き家庭学校から真剣に学ぼうとの夢をもつ青年が来校したのではな

く、挫折した失望した心の荒んだ青年が家庭学校に紛れ込んだのでした。

三月下旬、北海道の遠軽駅に降り立った私を迎えたものは、冷たく降りしきる雪と頬を打つ凍てつく風でした。

家庭学校の実習を終えて

昭和四十六年三月、私は家庭学校での実習一年を終え山口県の自宅で、日本福祉大学からの復学通知を受け取りました。四年生復学と思い込んでいたのが、三年という思いもよらない通知でした。冷静に考えれば、ゼミ等の専門の履修の観点からすれば仕方ないことでしたが、いかにも時間の無駄としか思われないことでした。

復学してからの日々は、生活費を稼ぐために、できるだけ賃金の高い土木のアルバイトをしていきました。現場の親方から、「お前は実によく働く、賃金を上げるからずっとやってくれないか」とよく言われました。働くことを厭わず良く動いていたようでした。

同年八月の盆休みに、私は帰省しました。三人の姉夫婦が揃っていて、みんな和気藹々と楽しそうに食卓を囲んでいるところでした。親父は厳しい表情で私を迎え入れました。厳しい眼差しを向けてやまない父に対して、「親父、俺も辛いんだよ」と青春の彷徨に同意を求めたのでしたが、父は激怒し、「まだ学生の身分の者に酒を飲ますとは何事だ！」と義理の兄たちに注意をして怒ったのでした。そんな父に中学校の教師をしている義兄が、「何が悪いのです！達朗君は青春を一生懸命生きているではないですか」と私をかばってくれました。

父と義兄との間にしばらく激しいやり取りがあり、宴はお開きとなり、姉家族はその場を去り、深夜にタクシーで帰宅してしまいました。

大学を転学し、親に何の相談もなく大学を休学し、復学するも留年状態であったことなどに、とうとう父は堪忍袋の緒が切れたのでした。よく考えれば、父の憤りは無理もないことでいつまでも進展しないことに対してのいい加減にしろとの愛のムチだったと思います。

私は己の愚かさや躓きから立ち直るために、ふたたび空手道に挑戦しました。空手部には友人の下川隆士氏（のちに大阪市立阿武山学園園長）がいました。彼はその時、主将で、復学と同時に、私を温かく迎え入れてくれました。その後、彼から主将を引き継いだ私は、空手部を東海学生空手道連盟に加盟させました。私の空手は、熊本時代からの二年間のブランクが響いて、練習すればするほど、空回りで、上達しませんでした。連盟の試合でも団体戦で二回戦に出るのが精一杯でした。個人戦も良い結果は残せませんでした。何事も実る時があり、実る時期を逃したらどんなに努力をしてもダメであると痛切に感じました。それでも、私の主将時代の、空手部での土台作りは功を奏し、四年生の時に鍛えた一年生が、結果を出してくれました。東海学生空手道選手権大会で団体戦で準決勝へ、個人戦でも準決勝へとの快挙をなし遂げてくれました。日本福祉大学空手部が存在感を示したのでした。

四年生になり、私は就職活動を始めました。国立武蔵野学院教護職員養成所入所の道もありましたが、そんなことを父母が許すはずもなく、それより、いち早く就職して社会人になりたいとの思いが強く私にはありました。特に心配をかけ続けている両親を安心させたいと思ったのです。と同時に、昭和四十六年に知り合った西田圭子との結婚を、私は真剣に考えていました。彼女は日本福祉大学女子短期大学部（保育学部）を卒業したあと、昭和四十七年から下関市立の保育園で働いていました。出身が同じ山口県であることから就職先は郷里でとの郷愁がありました。

昭和四十七年十一月に児童数一二〇名前後の広島学園で、私は一ヶ月間の実習をしました。学園では職員の空きがなく採用枠がない状況下にあり、採用枠があるまでチャンスを待つことにしました。

昭和四十八年三月、山口県防府市で私は西田圭子と結婚式をあげました。谷昌恒校長からお祝いの手紙とご祝儀を頂きました。式には、北海道家庭学校で知り合った櫻木東亜雄氏（大阪府立修徳学院）、日本福祉大学空手部の友人、下川隆士氏、熊本商科大学空手部の同級生で家庭学校での一年間の生活費を仕送りしてくれた長田紀充氏等に参列してもらいました。西田圭子の父は一年前に死去していて、後を継ぐ男子がいないことから、私は、河井から西田姓となりました。

昭和四十九年四月、私は、三重県立国児学園の内山太郎園長の紹介で、兵庫県立明石学園への道が開かれ、教護の道を歩むことになったのでした。

二　明石学園で十一年

昭和四十九年四月、私と妻は学園に着任しました。県の新任研修を終え、六月から寮舎を運営することになりました。各寮舎からの少年六名を引き継いで、スタートしたのでした。

私は、寮の教護の基本方針を家庭学校で学んだことに重きを置いて、実践をしたいと思っていました。学園の敷地は「働く教育」を可能にするほどに広大でした。

昭和五十年一月、谷昌恒校長先生が学園を訪れ、山崎正則園長に挨拶に来られました。私たちの寮舎にも立ち寄られ、私と妻を激励してくださいました。園内を歩きながら私の手を固く握り締めてくださいました。その時、家庭学校でのさまざまな光景が浮かび上がり今にも泣き出しそうになりました。

明石学園を訪れていただいた家庭学校の職員には、村上時夫先生、藤田俊二先生がおられ、私たちは激励の言葉を頂きました。この他にも、当時家庭学校でお世話になった諸先生方からも励ましの手紙等いただき、私の心の支えとなっていました。

同年八月、私は実習終了から四年ぶりに大阪府立修徳学院に勤務していた櫻木東亜男氏と北海道家庭学校を訪ねました。谷昌恒校長先生をはじめ各職員のみなさんに教護院に勤務していることを報告にいきました。諸先生方は喜んでくださいました。

家庭学校訪問から数日して、川口正夫先生から手紙をいただきました。

「君はもう北海道家庭学校で学んだことをきれいに忘れている。精神も身体も。そのことが非常に残念である」とのご指摘でした。私が醸し出す雰囲気が、「流汗悟道」や「暗渠の精神」を大切にしている勤労と祈りの生活を忘れ去っているということなのです。

知行合一です。良いことを学んだら行動に移さないと学んだことにならない。そのことからも学園の大地に、さらに強く鍬を打ち込んでいきました。多くの職員の価値観の違い、少年たちの受け止め方等、すんなりと実を結ぶことはむずかしいことでした。多くの難を乗り越えて役立つ職員になるのです。

「継続は力なり」です。地道にコツコツと行うことで、私の働く教育は寮舎の少年たちに浸透し実を結んでいきました。実を結ぶ背景には、当時の山崎正則園長、松谷保幸副園長（一九七八〜一九八三）の私への少なからずの支持がありました。園長は、「西田は指導困難なケースをしっかりやってくれている。明石に西田ありだ。近畿教護院長会議ではそう君のことを伝えている」と褒められたこともありました。全国教護院施設長会議に行かれる前日に「谷校長にはよく頑張っていると言っておくよ」との労いの言葉をいただいたこともありました。松谷保幸副園長は行政サイドの職員ですが、私を公正に評価してくれたり、いろいろな助言をいただいたり、励ましてもらいました。この二つの支持が、今にも挫けそうになる私の背中を押してくれたのでした。

脚下に泉を掘れ

私から谷昌恒校長先生への手紙

「立春とは名ばかりの寒い日が続きます。谷校長先生にはいかがお過ごしでしょうか。

昨年の三月、北海道家庭学校を訪ねてからまもなく一年が経過しようとしています。それから一年、私が挫折することなくこられたのは、自分の背には常に「家庭学校の支持」があるという確信が、私を鼓舞してくれました。

現在、寮生は十五名、少年たちとの闘いの日々は辛く苦しいものですが、児童相談所や学校が、評価してくれることで、ああ私の寮は存在価値はあるのだなと思い直して実践してきました。

この学園で十年、私は、家庭学校で学んだ精神を一生懸命に実践してきたと思います。少年たち、女房（家族）、私と皆同じく限界を超えたつらい暮らしだったと思われますが、「継続は力」を実践し実証してきたという自負もあります。畑、果樹園による生産教育、朝夕のランニングで鍛えた少年たちの体力・持続力を証明した県駅伝大会の実績、と胸を張れると思うことが、園内では反発となって、私たちにかえってきます。

この評価されない日々は、辛さと淋しさの連続です。自分は評価してもらいたい一心で少年の教護を実践しているのではありませんが、（外からは評価され、内からは反発され批判される）この大きな乖離に驚くとともに、全く理解できないものを強く感じるのです。

私は何度も客観的に、自分の行動を分析はしています。学園の体制に合わない教護方法と私の他の職員への協調性のなさがそうさせているのでは、と。

この一月、三重県の小野木先生から転勤の誘いがありました。今まで話は何度もありましたが、心は揺れています。今思うことは、三重県の学園が１／２、家庭学校が１／２というのが本音です。十年間、家庭学校の精神を少年たちに実践してきましたが、家庭学校か三重県で働かせていただけるのなら、今すぐにでも飛んでいきます。このことは女房も同意しています。人事は水もので難航することが普通ということを私は知っています。潮の流れに沿い、その潮が私の希望通りに流れてくれることを願っております。

寒さ、いよいよ厳しくなります折柄、風邪などひかれませんよう十分ご自愛下さい。

昭和六十年二月　　　　　　　　　　　　西田達朗」

谷 昌恒校長先生からの手紙

「あなたはいつも難題を出されますね。出張が続いた日でしたが、お手紙のこと、考え続けていました。

一年前、小さな方の手を引いて、はるばると訪ねて下さったことも、いつも思い出していました。深い敬愛の気持で結びついている貴兄と北海道家庭学校、私はいつか不思議と結び合うものだということを感じていますが、その時、その機が仲々に分からないということでしょうか。

私見を申せば、十年築き上げた学園での基盤は決しておろそかにしてはいけないということです。貴学園にあっても寮長西田との絶対の評価があり、それ以外に何も付加することはないと、善意に思っていることはないのですか。冷遇されているという君の気持ちは、必ずしも正確ではない、そういうことはありませんか。

次に、その十年の実績の上で、ある意味で貴兄の勉強、研鑽、飛躍を期して、他県の公施設、この場合、小野木君のいる学園に活躍の場を変えるということは、いいことか、とも思います。長い間の貴兄の憂鬱な屈折した思いがふっきれるかも知れませんね。又そうした思いは、どこへ行ってもどこに在っても存在するのだということを、貴兄が納得してくださる意味でも大へんな収穫かも知れませんから。その得心が貴兄には足りないと思うふしがあるのです。人間生きるところ、どこでもいつでも問題はある。

脚下に泉を掘ることが、私たちのあり方だと観念する気組みが少し不足しているように思う。その思いに欠ける時、北海道家庭学校も全くつまらない虚構の地となりかねない。そう案じているのです。あなたのご熱意が痛い程に分かる、又尚且つ、すぐにもあなたを受け容れることについての、私の深いおそれはそこにあります。家庭学校で幻滅された時のあなたには、救いがないと案ずるからです。その意味で三重県の話が可能ならばそれも一つ大きな飛躍の転機かもしれませんね。

ご健康を祈ります。ご多幸を祈ります。

昭和六十年二月一六日

谷　昌恒

西田達朗様」

三　三重県立国児学園で二十四年

三重県立国児学園は、学生時代の昭和四十七年一月に訪問したことがありました。その当時の園長は、内山太郎先生で職員室で長時間にわたり教護のことについて話していただきました。深い洞察力のある鋭い切り口で教護のこと、児童のこと、職員の心構えを熱く語られていました。当時は教護院の機関誌『非行問題』の編集長であることから学術的な雰囲気を感じました。

その後、国児学園には時折訪問することがしばしばあり、内山太郎園長、小野木義男先生とは教護の基本的な在りかた等を助言、指導していただきました。その延長線上で、いつの日か、国児学園で仕事をすることになるかもしれないと思ったりもしていました。

小野木義男先生が園長に就任され、年賀状の中に「若い力を必要としている」との走り書きが記述してありました。

学園も児童処遇で何年も荒れている状況の中での招聘でありました。人事は難航しましたが最終的には転勤となり、四月一日付けでなく五月一日付けの採用となりました。

明石学園を去るにあたり、多くの卒業生が別れを惜しみ学園に会いに来てくれました。引越しの最後の日は、多くの卒業生と親が寮舎の拭き掃除、外の環境整備をしての別れとなりました。

小野木義男先生からは、学園の現状を説明され、良き方向に行くことを期待するといわれました。又、寮舎運営をするなかで指導が浸透することは至難なことですが、安定した寮舎運営をしてほしいとのことでありました。「人生に梯子は掛かっていない」実力で登ってほしいとのことでありました。

兵庫県立明石学園から三重国児学園への転勤はゼロからのスタートとなることになりました。上にのぼる梯子はなく、三十六歳からの出直しとなりました。私の教護のあり方が浸透するには時間が掛かることになりました。

小野木義男先生は平成十七年に六十七歳で他界されました。平成十八年に「小野木義男先生を偲ぶ会」を実施いたしました。偲ぶ会の実行委員長として故人を偲びながら、三重県立国児学園が何を大切にして実践したかを語り挨拶としました。

その中で一人の寮長として、私は何を基調として実践したのかも少しふれました。

小野木義男先生を偲ぶ会、挨拶

「小野木先生が他界されてから1年が過ぎます。このような形で又小野木先生を偲ぶ会を開催することができましたことは光栄の至りです。故人を偲びながら国児学園の古き実践を懐古し、現状を把握しながら、学園が児童の自立に結びつく施設になるようにとの熱き思いを語るひとときになればと思います。

全国の児童自立支援施設は、それぞれの地域性、立地条件を活用しながら特殊性を発揮した実践の歴史があります。とりわけ、国児学園は全国でも最下位の敷地面積で、その与えられた条件の中での実践、理念がありました。そのことは文化活動に特色があり、僕らの写真展、珠算、学習発表会、ケーキ作り、カレンダー作り、手作りの修学旅行、製パン実習等文化活動をひとつの大きな教育の柱として、少年達と職員が信頼で堅く結びつく手段として実践してきました。

又、昭和四十一年〜昭和四十九年の八年間、全国教護院機関誌「非行問題」を国児学園で編集・発行していました。当時の内山太郎園長のもと小野木義男先生は編集の中核として心血を注がれました。全国の教護院の舵取りの機関誌でした。

その当時の編集で培ったペンの力で軌跡（国児学園九十年史）を発行し、退職後は「君が必要だ」の実践史を発行されました。

〈三重の国児に小野木有り〉は多くの内外が認めるところです。長年に渡り実践したことでの教護理念、美学を語り出すと時間を惜しまず熱く語る人でした。真剣に生き、真摯に少年達と共に在る生き方故に、研ぎ澄まされた厳しい語り口はいい加減なことを許さない、自分の意に沿わないと糾弾する激しさがあったように思います。

その半面、真剣にことに当たられる故に、傷つきやすく、寂しそうな表情を垣間見ることが多々ありました。足を引きずりながら痛そうにされていたこと、時折胸が痛いと云っておられたことを思いますと、心身の疲労は大きかったんだと思われます。

国児学園のみならず全国の児童自立支援施設は多くの課題を抱えています。今後どのように対応するかと思案するとき小野木先生の助言、叱咤激励が必要でした。

内山、岩川、柴野、小野木、神谷、高山等諸先輩方の営々と実践した国児の教育活動を今後どのように継承していくのか、現業のスタッフで更に新しい風で肉付けして、全国でも冠たる児童自立支援施設として、心傷ついた少年達と共に歩むのかが我々職員の使命だと認識しています。

このように語っていますと厳しい視点で〈国児学園しっかりしろ〉と檄を飛ばしに戻ってこられるような気にもなります。

私の個人的な感慨ですが、昭和六十年に兵庫県の明石学園より国児学園の小野木園長のもとで仕事をさせてもらうことになりました。国児学園が大切にしてきた文化活動に対して、異を唱えるように、私は北海家庭学校の教育方針に感動していましたから、流汗悟道の精神で、働く教育を重視して実践しました。

国児学園の教育に沿わない実践で、小野木先生からは厳しい助言を頂きました。厳しさをしっかりと胸で受け止め、少年達と共に広い農場で汗を流してきました。

汗を流すことで無条件に評価を得ていたら私は高慢な職員になっていたと思います。

少年達の教育には傲りが一番駄目であることを心に刻み、これからも実践したいです。

国児学園は、小舎夫婦制の下、少年達と職員が起居生活をしておりますが、〈喜びも悲しみも汗も涙も共有する〉ことを第一義としながら歩みたいです。小野木先生が大切にしたことを形は違っても精神は継承したいと思っています。

西田達朗」

北海道家庭学校からの職員招聘

平成四年秋、久しぶりに北海道家庭学校を訪問しました。昭和六十二年の夏に、家族みんなで訪ねてから五年振りのことでありました。家族で訪ねた時は国児学園に転勤して三年目の夏で、指導は難渋していて浸透していない状況の中でした。谷校長先生は私に厳し

北海道家庭学校正門にて（昭和六十二年夏家族で訪問）

く、このような時に来ることに対して、温かく迎え入れてくれませんでした。それなりの強い決意と期待をしての、家族での訪問でありましたが、今の状況を見透かされるように手厳しい対応をされることになりました。

北海道家庭学校への夢は、もうこれで終わりにしようと覚悟することにもなりました。三重県立国児学園で〈脚下に泉を掘る〉と、観念することにしました。四年目の秋から寮舎は安定して来ました。ここでも〈継続は力なり〉を感じることになりました。

にもかかわらず、訪問したもう一つの理由は、平成四年度で、藤田俊二先生ご夫婦が定年退職であることから、家庭学校でお会いできる最後になると思い訪問しました。翌朝、桂林寮長の副島先生とランニングをしながら、遠軽町に住んでおられる元職員の斎藤、川口、森田、平本先生宅に挨拶に行きました。昭和四十五年の当時の寮長先生は皆さん退職され時代の推移を感じました。

暫くして、谷校長先生より手紙を頂きました。

手紙は、私が北海道家庭学校で働きたいとの夢を叶えてくださるというものでありました。現実味をおびた中で、家庭学校に馳せ参じて残りの教護人生を全うしようと、手紙を受け取ったその日、涙がこぼれ落ちたのを覚えています。しかし、保母である妻と、子供たちの同意を得ることはでき難いことでした。何通かの手紙のやりとりの後、苦渋の決断をすることになりました。

谷昌恒校長から西田圭子保母への手紙

「先月末に、達朗兄に私からお願い申し上げております、ご心配をおかけし申し訳なく存じます。

達朗兄へのお願いは、そのまま貴方へのお願いです。改めて、あなたに、お手紙を差し上げたいと思いました。達朗兄に家庭学校に来てほしいとお願いしても、当方は法人立の貧乏所帯です。

達朗氏が今まで得られておられた給与を差し上げることは出来ないと思っています。これは奥様として、もっての外のことだと思います。

週休二日、週四十時間に忠実であろうとする公立の施設とは違い、私共の勤務は全く無とんちゃくです。休暇と云えるほどのものは極めて少ないのです。ご家庭を預かる奥様として、これももっての外のことだと思います。

家庭学校は、大変なところだと、皆さんが仰有います。私共も、一面、そういうこともあろうと認めざるを得ません。その大変なところへ、達朗兄に来て下さいと云っているのです。無茶は承知の上です。しかし、ここには厳しく又限りなく美しい自然があります。志を一つにした職員の群れがおります。その群れの中に加わってほしいとお願いをいたしました。藤田俊二も長い歳月を、ここで懸命に生き続け、来春退きます。その藤田の欠けた大きな穴をうめることのできる人は、達朗兄しかいないと思い、達朗君にお願いしたのです。

この秋、達朗君が久しぶりに訪ねて下さいました。いつに変わらない並々ならぬご好意を家庭学校に対して示して下さいました。昔と少しも変わらぬ愛です。公立施設に長く勤められた年月の後に、いよいよ強く深くして下さった私共への関心です。その発見は実に新鮮な感銘でした。その達朗君のありがたいご好意と愛と関心に甘えて、今回の私からの申し出となりました。他意はございません。

奥様のご判断やご助言は率直に私もお受けしたいと存じます。

縁あって、ご一家をここにお迎えすることができましたら、どんなに嬉しいことでしょう。すべてがご縁ですよね。いかなることがあっても、変わらぬご友情をお願いいたしたく、心からお願い申し上げます。

十一月二十一日　　谷　昌恒

西田　圭子　様」

西田圭子保母から谷昌恒校長への手紙

「今朝は、紅いさざんかの花びらの上に真っ白な雪が降り積もり、とても寒い日です。昨日は、谷校長先生から、お手紙を頂きまして、ありがとうございました。

慌しい日々に、おきましても、先生からの何通かのお手紙については、ずっと考え続けておりました。ありがたいお言葉だと思います。しかし、せっかくのご招待のお言葉にお応えすることは、現実には難しいことなのです。

その理由は、先生が仰しゃっておられることではございません。給与のことも、休暇のことも全く私共の気になることではないのです。お金などというものはないよりはあった方が良いのでしょうが、あるもので満足できるようでありたいと思いますし、今までも、価値あると思うことや必要なことには惜しみなく費やしてきましたから、貯めるということからはほど遠い生活でした。今子どもが大きくなり、必要になってきた頃、そうも言ってはおられないのかと思う一方、やはり、無ければないなりに、やっていくしかないと楽観的です。(無い方が良いのかもしれません。)

休暇につきましても、公立施設で今、動き始めている週休2日週40時間という形態にも主人は乗らず、又、乗るべきでないと、頑固に、生徒に固執しており、休暇らしい休暇を、ほとんど取っておりません。むしろ、他の人の休暇のための補いに疲れることが多いようです。

ですから、先生の仰しゃる理由はほとんどありません。今、考えております一番のことは子どものことでございます。

20年近く教護院で生活してきて、仕事と家庭生活を両立させるということは、私にとりまして至難のことでした。子どもが大きくなって、はっきりと一人の人間として実を示すようになると、そのことがさらにはっきりと見えてきたという気持ちを強くしている昨今です。

共に屋根の下で、と形的には夫婦小舎制でやっていけることをありがたいと思っておりましたが、実際、我が子が親を必要としている時に、親である私共はいつも生徒のことでいっぱいで、心は子供のことに及ばず、いつのまにか子供は大きくなってきました。親として精一杯の愛を注いでこれなかったことへの悔いが残り続けております。

今まで落ち付いた家庭環境を整えてやることができなかったことを深く反省しながら、今は、むしろ子どもの下へ帰ってやらなければならない重要な時期と考えております。

自分の落ちつく場所があるのでしたら心配もないのですが、この快楽的な汚れ多い世の中に、不安定な子供を残して遠い地へ参りますわけにはゆかないのです。

深い哀しみを持った少年たちに比べると、それは比べようもないほど恵まれていたとは思いますが、やはり我が子が自立できるまで親の責任を果たさねばと強く思います。

少年達の世話はその適任者がたくさんいると思います。

どうかこのことをご理解下さいますように、できることなら教護院という世界から退けるものなら…とさえ思っております。（夫とは全く違った気持ちなのですが、これは正直な私の気持ちです）

人間のできることには多かれ少なかれ限界があります。私自身あちらも、こちらもうまくできる力を持ち合わせていないのです。

谷先生にはきっとご理解していただけることと思います。申し訳ございません。

平成四年十二月二十五日　　　　　　　　　　　　　　　　　　西田圭子

谷昌恒校長先生」

北海道家庭学校からの招聘をお断りしたことで、三重県で最後まで全うすることを覚悟することになりました。いつの日にかの夢と願いは自ら断ち切ることとなりました。苦渋の決断は私の心に暗い影となりました。

平成七年の夏、休みを取得して（三泊四日）、郷里の山口に家族で帰郷しました。職場から離れての団欒は楽しい日々となりました。常日頃の少年たちとの暮らしは何なんだろうと思わせる家族水入らずの旅となりました。

三重県に向かう帰途の新幹線の中で私は吐き気をもよおし気力が湧かず体調不良になりました。またこれから学園で、少年たちとの格闘にも似た生活が始まるかと思うと、心が拒否反応を起こしたのだろうと思います。これで、学園に帰り頑張ることができるのだろうかと不安でしたが、学園の正門前に着くと、不思議なことにいつも通りの寮長の姿になっていました。それほどに抵抗感と緊張感を持ちながらの暮らしであったのでしょう。

三重県立国児学園は年間の措置児童は二〇名前後でした。男子四寮、女子一寮での五寮舎体制で営まれていました。男子の措置児童数の内訳は、家庭裁判所決定のケースは一割強でそれほど多くありませんでした。

学園では、年度末にそれぞれの視点から仕事の振り返りを提出して、児童処遇の充実を図っていました。平成七年度末に、私は、家庭裁判所決定からの入寮児童数を提出しました。あまりにも私の寮舎には家裁決定で入所する児童が多すぎることを仕事の振り返りの中で報告して会議の検討資料にしてほしいと思ったからでした。児童相談所の指導、支援にのらないで裁判所に委ねられたケースが多すぎたのです（私の寮舎は家裁決定のケースは寮生の三割弱でした）。

平成八年度から、私が入所の窓口となり、ひとつの寮舎に偏らないで公正に割り振りをするようにしました。

随分と背負っていた荷が軽くなり緊張感も少なく無断外出、園内非行も皆無に近い状況になりました。寮舎は安定して、何よりも生活の抵抗感が少年たちも私たち夫婦もなくなったことが大きかったのです。仕事の振り返りを提出して、全体の検討課題にしていなかったら、その後の教護の仕事を継続できたかは分かりませんでした。この仕事は児童が安定して児童と職員が健康で明るく生活をできたら、これほどの喜びはありません。

平成十年度から児童福祉法改正で教護院から児童自立支援施設と名称変更となり、高齢時の処遇で高校通学が推進されました。私の寮舎も多くの児童を通学させて、この生活が生かされていることを児童自身が実感したことが益々安定の要因となりなりました。

平成十四年度から園長として、平成十九年度から全国児童自立支援施設協議会の会長として寮舎を担当しながら最後まで全うすることができたのでした。

終章　今日まで支えていただいた方々への感謝

三十五年、共に暮らしてきた少年たちとの生活から離れて、はや六年の歳月が流れました。私は今尚、畑に向かって汗し働き、卒業生たちの幸せを願い、自分をここまで励まし支えてもらった父母、恩師、先輩、知己に感謝を持ち続け、今を有意義に生きたいと思っています。

私の畑では野菜が、学園の頃と変わらず、四季折々に、みずみずしく育っています。時折、卒業生がやってきて共に汗を流し語り合ったり、先輩・知己が訪ねてきて旧交を温め確かめ合ったりする場として畑はなくてはならないものになっていますが、私には畑はそれ以上の意味を持っています。

畑は、汗、涙、葛藤、闘い、成長力、働く喜び、生きぬく力、本物の自分づくりなど、少年たちが社会で生きていくために必要なものを産み出し、三十五年間の私と少年たちの

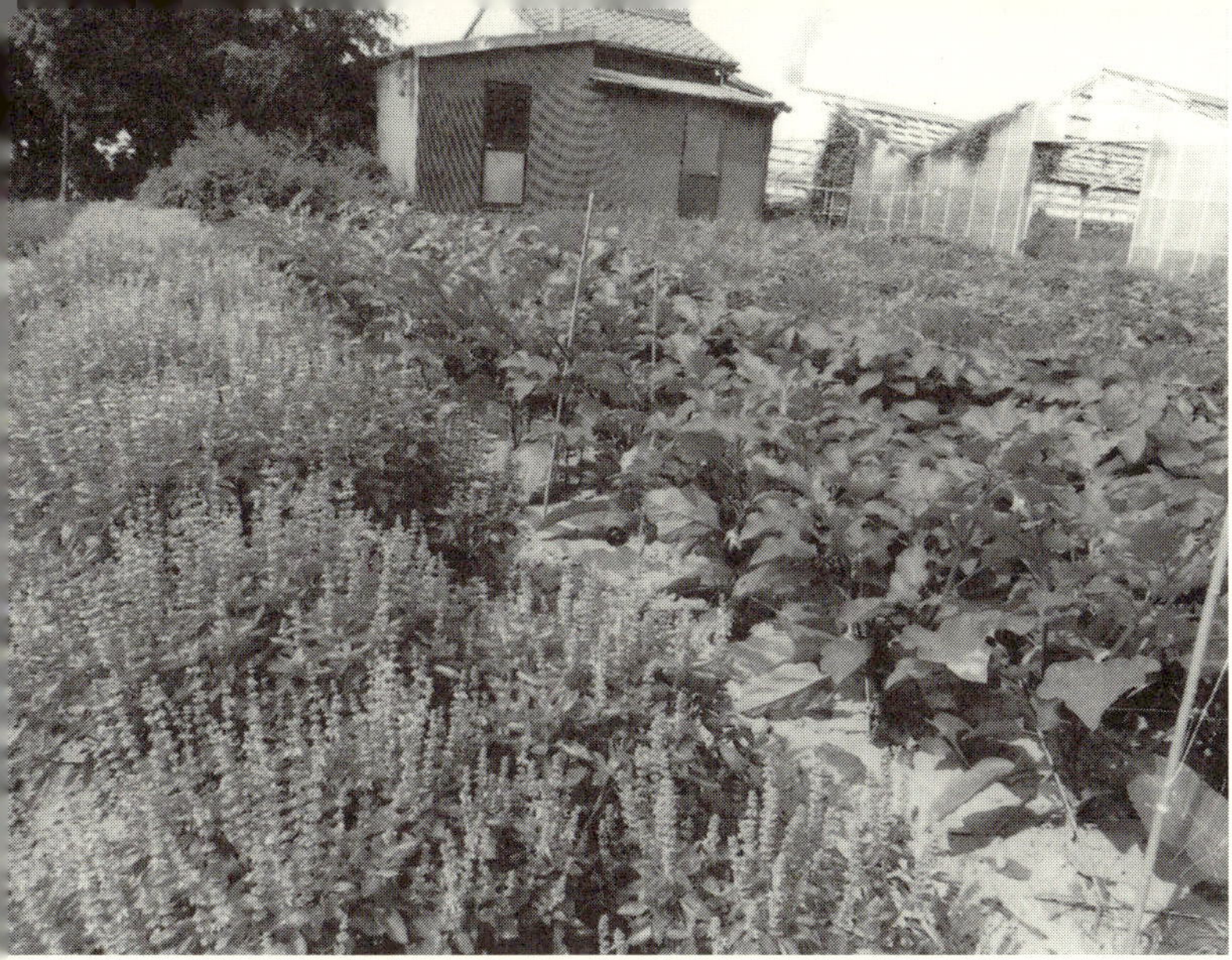

現在の畑

思い出が秘められています。そのように私にとっては、畑は、まさしく母なる大地であるのです。

私は今、私に多大な恵みを与えて下さった方々に、以下のように、拙い文をもって敬虔な祈りと感謝の心を、捧げたいと思います。

一　原風景のなかの人たちへの感謝

私の心にある原風景は、幼い頃暮らした故郷・山口県錦町の里のほかに、二十一歳の頃、実習した北海道家庭学校の暮らしがあります。この二つの体験は、私の心象スケッチのなかでいきいきと息づき、困難な出来事に出会ったとき、私を癒してくれています。ここでは後者の原風景にふれながら、話をしたいと思います。

原風景にある尊敬する先生方に、私からの感謝の気持ちを伝えたいと思います。

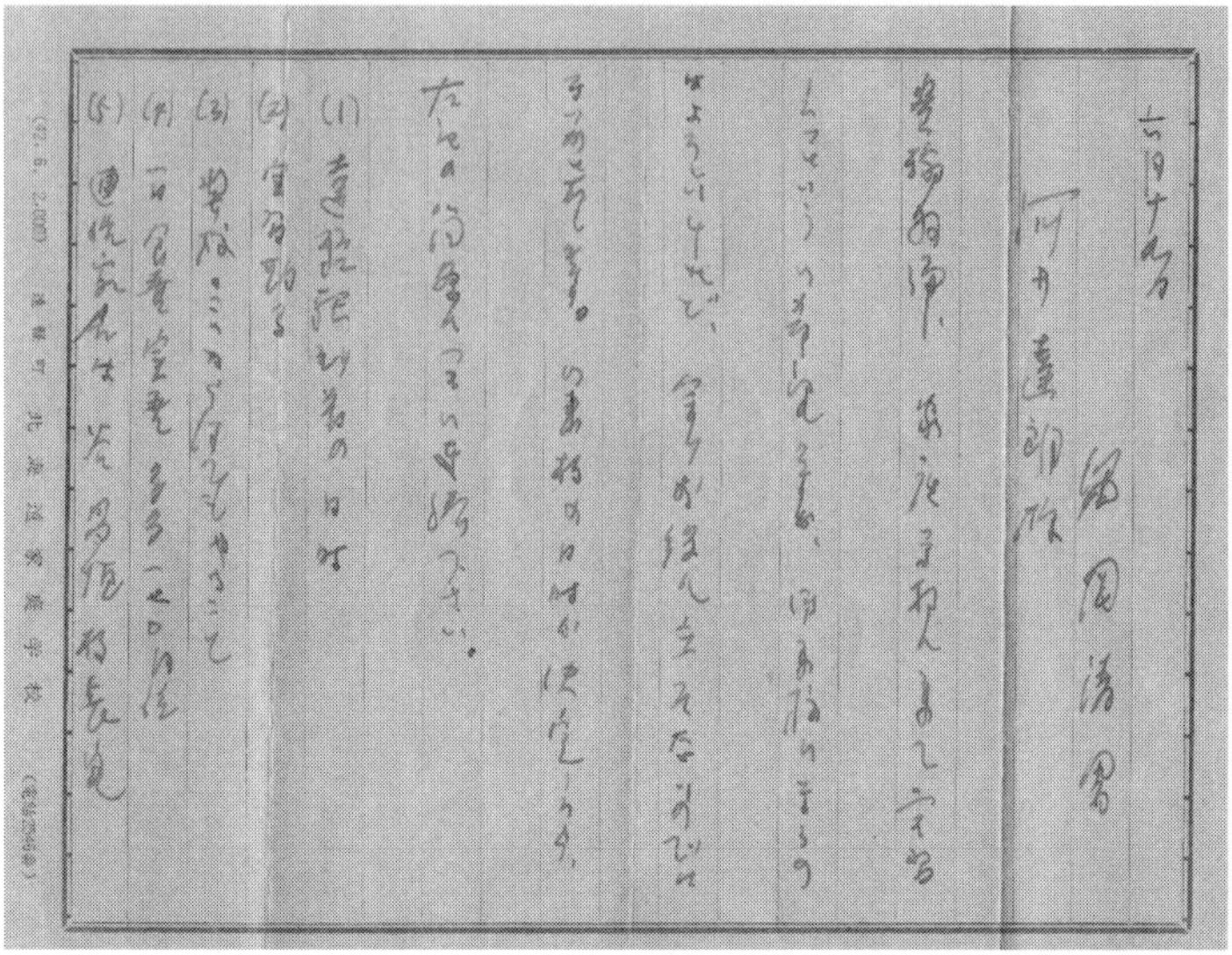

留岡清男先生からの実習許可についての手紙

留岡清男先生

先にも述べましたように、日本福祉大のキャンパスで挫折と心の調整ができないなかで、将来の道を見失っていた私に、留岡清男先生の著書『教育農場五十年』を手にいれ一縷の光を見いだすことになりました。

私は無我夢中に著書を読み終え、留岡清男先生に筆をとり、二週間の家庭学校での実習をお願いしました。これが契機となって、私は教護の扉を叩いたのでした。思えば私は留岡清男先生にたくさんのことを学ぶことになりました。教護院への導き、流汗悟道、暗渠の精神などの哲学や実践理念、「人はみな平等」という思想など、あげればきりがありません。

先生は教護院の、戦前戦後を通しての少年教育の真の偉大な実践者であり、一年でしたが先生の傍でご指導を受けたことは私には望外の喜びでした。

谷　昌恒先生

平成二十年五月二十一日〜二十三日の期間、福島県主催で全国児童自立支援施設（元、教護院）施設長会議が行われました。福島県には、私の畏敬する第五代北海道家庭学校長・谷昌恒先生が、若き日に創設した児童養護施設「堀川愛生園」が磐城棚倉にあります。私は、会議に先立ち早朝、堀川愛生園を訪問しました。

駅から園までの静かな田園風景を歩きながら、今は亡き谷先生のことを偲び、谷昌恒先生に、「一路到白頭の精神」で、最後まで教育の基礎に「働くこと」を据えて、この仕事を全うしましたと、心で報告しました。

私にとっては、若き日の北海度家庭学校での一年間の経験が、その後の仕事に携わる中での支えとなりました。兵庫県立明石学園・三重県立国児学園に勤務して、自分なりに働く教育を実践してきたように思います。

谷校長先生の「ひとむれ」は、人生最大の感銘を受けた本であります。幾度も読みながら心の調整をし、北の空を見上げながら実践をしました。

川口正夫先生

川口正夫先生からの手紙

「前略　失礼致します。皆様、お変わりなくお過ごしのご様子、嬉しく思います。先日は先生の汗の結晶の野菜を多量にいただき有難うございました。

今、私共の処ではグリーンアスパラ、ホウレン草、ニラ、ネギ、チンゲン菜、位のもので、本日いただいた品は、八月以降に成らねば収穫出来ない品ばかりであり、大変有難くいただきます。ナスは実に大きく、早速夕食時にいただきました。実にやわらかく、大きいので、皮が多少堅いのではないかと思いましたが、食べて其の軟らかさに驚きました。とろけるような軟らかさでした。キャベツは、明朝、きざみにしていただきます。真白く之も軟らかそうで明日が楽しみです。キュウリはビール漬けにいたしました。

ズッキーニ等は珍しいので、隣近所に娘が持って行きました。本州の芋は初めていただきます。サラダ菜、玉ネギは以前にも送っていただきましたが、之は大変に手のかかる品と思います。実に大玉でいただくのが楽しみです。当地方でも秋に成るとできますが、仲々高価です。

御地方は夏本番の様子です故、心ばかりの品を送らせていただきました。御笑納下さい。

当地方特にオホーツク海側は、春より悪天候が続いて居り、昨二十四日は日中十三度と小寒い位でした。テレビの予報では三十度位に成る様に報じていましたが、まだまだ夏らしさがありません。

窓より見える斜里岳（一五四七米）には相当な残雪が見られ、今年は完全に無く成るのは、大分遅れる様子です。北側のウトロより南側の羅臼町迄の知床横断道路の開通が、例年は五月連休の頃ですが、今年は一か月遅れの六月初めでした。気温が低い為に積雪量が多かった為です。

農作業の成育も実に悪く、農家は青く成って居ります。地球上方々で異常気象が現れて居り、不安を感じます。総べて神の業と云う事に成れば…と云う事でどうにも成りませんね。

年寄りは、取り越し苦労が多いと云われて居ります。単なる取り越し苦労である事を祈ります。

御厚意に厚く御礼申し上げます。

皆様、益々御元気にお過ごし下さい。

川口　正夫

平成二十五年六月
西田　達朗　様」

北海道家庭学校ひとすじ「一路到白頭」で酪農部長として少年教護の仕事を全うされました。特筆すべきこととして、酪農共進会において、網走支庁管内代表で北海道第三位となる牛を成育されました。先生のイメージは留岡清男先生の精神を学び、それを実践した人であります。まったくぶれることがなくいつも直球勝負であり、曲がったことの嫌いな性格でした。

質実剛健であり心が動揺する弱さを見たことはありませんでした。それは北海道家庭学校で聖書を基準とした教えが心身共に身についておられたからのものだと思います。強靭な肉体と精神力をもちあわせながら、他者を気遣う繊細さと優しさもあり少年たちを導いておられました。

昭和四十四年の夏の二週間の実習以来、人生の節目で激励と助言をいただきました。すべて心の内を知りつくされながら、大きな寛大な心で私を応援して下さった先生だと思います。家庭学校の一年間の実習が終了して遠軽駅から先生の奥さんに電話を入れました。「良かったね。頑張るんだよ」と涙声でした。母性的な温かい語り口に胸が詰まりました。先生ご夫婦との人生の出会いに心から感謝しています。

斎藤益晴先生

斎藤益晴先生からの手紙

「拝復　先日はお便り有難うございました。

私との約一年間の生活はさっぱり良き刺激も差し上げることもできず過ぎたことを深くお詫び申し上げます。

北海道全域四、五、六日と猛吹雪におそわれて降雪量も多く真冬に戻った感じが致しましたが今日は間近になった春を思わせる青空の広がった天気でした。……

昨日は私の日曜礼拝司会で、留岡幸助先生の宗教論、「人生は恰も一大葡萄園の如し」、マタイ伝二十章の十四節よりを話しました。信仰のきびしさ、感覚・情緒・作用の話もさせてもらいました。労働は信仰である。そして勤労の目的は只天命を全うすることにある。之を盡し之を全うして神の栄光を顕し、人類の福祉を増進するを得たるならば云々センセーション・エモーション・アクションこの三つの精神機能が三者共に歩調を整えて併行すること、作用の伴わない思想は、心の酷烈なる疲労に終わり、遂に人間万事気に食わざるもとなる云々…

帰郷されて　お父様、お母様ほっとなさっておられるでしょう。

どうぞ遠軽の地を永久に忘れず、大きく広く、心をひきしめ遠大な人生を期待しています。

骨折る人生は快活なる精神を有し
忙がわしき日は平和なる夜を来たらす　（詩人グレー）

斎藤益晴

河井達朗様
昭和四十六年三月」

北海道家庭学校グラウンド前花壇

北海道家庭学校では実習生の私は各寮舎を順番に配置されることになっていましたが、斎藤先生の向陽寮にそのまま居続けました。斎藤先生ご夫婦にはずいぶんとご迷惑をお掛けすることになりました。

先生からは「もっと思索をしなさい、もっと哲学をしなさい」と、私の生活を改めるように忠告が何度もありました。先生は厳格で仕事もいい加減なことはなく、木工にしても花壇作り（遠軽町花壇コンクールで金賞受賞）も、野菜作り等々もすべて職人肌でプロ顔負けの腕前でした。

留岡清男先生のことを心から敬愛しておられました。このような先生の真摯な教育姿勢故に、私のような聖書の基準が心に入りにくい者にとっては辛い実習でした。今になれば、向陽寮の生活があったおかげで多くのことを学ぶことが出来たと思います。お蔭で兵庫県、三重県を含めて三十五年間、働くことを大事として実践できたと思います。また、折にふれて、先生の手作りの押し花だよりで私の心を癒し励ましてくださいました。

昨年、六月に四日間、久しぶりに先生と共に家庭学校で汗する機会を得ることができ四十年前を思い起こしました。

あの当時の先生方は、世の流れ、世の価値観に染まらないで精神も肉体も研ぎ澄まして実践をされた人たちだと思います。

奥さんにも良くしてもらいました。昨年には奥さんの辛い哀しい胸の内をお聞きすることができ、高い理念のなかでの勤労と祈りの暮らしは大変であったことを知ることができました。家庭学校をこよなく愛する先生は、今日に至るまで、今なお十分貢献され続けておられます。

藤田俊二先生

先生からの手紙は百通以上にも及び、電話の交信も多く、それだけ先生はどんな時も私ごとき者を受け入れてくださいました。事あるごとに激励の手紙を戴きましたが、その中に二度厳しいお手紙をもらったことがあります。寛大な心で受容しながらもこのままでは西田はダメになると思われての忠告でした。

なぜ先生は他人の私にこんなにも涙しながら受け入れて下さるのだろうと、先生の愛の深さに今更ながら感謝の気持ちでいっぱいになります。

先生は昨年他界され「青少年の自立を支える道南の会」会報誌に藤田俊二先生を偲んでの追悼文集があります。そのなかで奥さんの書かれた〈別れ〉を読むと、強い夫婦愛で支え合った人生であったことが伝わってきて胸が締め付けられます。

このように先生を偲んでいますと、今更ながら、先生は去っていかれたのだと一層淋しい気持ちになります。

不思議な人間の魅力を備えた偉大な方でした。

藤田俊二先生からの手紙①

「拝啓　先日のお電話には深い感動を受けました。

一筋に生きて来た先生の眼差しを思い、家庭学校の草原で飲んだ夜の星を思い、お二人と語った広島の店の情景を思い、奥様の澄んだ眼慈を思いながらじっと腕組みしています。

名称はどう変わろうと教護院は教護院、源流はきちんと感化院、全国の関係者も先生が副会長から会長の道筋につくことを心から万感の思いで喜ぶと思います。

平成十九年四月」

藤田俊二

藤田俊二先生からの手紙②

「皆さんと久しぶりにお会いできて嬉しかったです。

奥様が、自由市場で店の人たちの執拗な商売熱心な言葉かけの真っ只中にあり、戸惑っておられた姿になんだかジーンとしたのは、その姿になんともいえない品格を感じたからでした。三十七年前に広島でお会いした時に感じたそれは、今の品格に通じていました。

僕は元気です。お酒を飲まなくなって見えてきたものもあり見えなくなったものもあり、得たものもあれば失ったものもあるような気がしますが、七七歳相応に、自他を分析できるようになったことだけはたしかです。

昨日は、あれから帰って少し休んでから大根の冬囲いをして夕食、すぐ寝ました。

ずうっーと先生のことを考えていました。これから自分のやることを考え続けている、と僕は見ました。

家庭学校から始まった先生の人生、終始一貫しています。結婚をされ、その道筋はさらに純化し続けてきたと僕は思います。奥様の存在、奥様の清冽な、純粋な生徒たちへの愛情の深さと洞察の深さに、僕は遠くから常に敬服してきました。お二人の寮運営に常に注目、瞠目し続けた年月でもあったような気がします。これからもお二人は寮長寮母としての人生がゆるぎなく続くと僕は思っています。

ここからは僕の遠方からの思いです。先生の熟練し精錬した野菜づくりの技術の高さは、専業農家

平成 21 年 10 月函館にて　藤田俊二先生と

と比べて遜色のない高度なものと僕は思っています。先生がその技術を駆使しての野菜づくりと販売を人生の中心とし、そのサークルに少年たちが青年たちが加わって、一種の野菜共同体の中で、常に奥様が存在して精神性の高さと優しさで全体を包容し抱擁して、四季を重ねていくのです。

なんだか差し出がましい夢のような話しを先走って書いてしまいましたが、失礼はお許し下さい。

僕のことをいえば、「ふくろうの家」に美味しい野菜をとどけるために畑をつくっているのがこの三年の愉快な現実です。多言、多言お許し下さい。」

追悼文「藤田俊二先生」

「平成二十六年六月一日、函館市民病院に先生のお見舞いに行きました。先生は闘病でやせ細り、私は忍びない気持ちになりました。あの剛毅な先生が病と闘っている姿に、心の中で涙しました。一時間の面接でしたが、先生は最期の言葉として「北海道家庭学校で留岡清男先生、谷昌恒先生、加藤、平本、森田、川口、斎藤、村上先生方とお会いして仕事を共にできたことを感謝する。良き人生であった」と言われました。又「自分は死んでも、いつも北海道家庭学校を忘れることなく見守っている」とも言われました。

先生は家庭学校で仕事をしておられた時が恰好よかったと思います。少年たちに囲まれながら家庭学校の三百間道路を歩きながら、明るく語らう声が鮮明に、今も脳裏から離れません。少年たちの鬱々とした心を大きな広い心で包み込む教護の在り方は、少年たちの心のなかで今も息づく生活であったことでしょう。これからも語り継がれる一流の指導だったと思います。

「生産教育イコール教護完了ではない」と、本を読み黙想して自己研さんをしながら実践を模索されました。その実践を記録に残しながら、少年との心の交流を求め、教護の質を高めたいと願っておられたことでしょう。

家庭学校の脈々と継承された基盤の上に更なる高みを求められました。そのことは職員たちからは異端と映ったことでしょう。外部からの絶大なる評価があることで、内部では孤独であったと思われます。先生の寂しそうな姿をみることが多々ありました。そんな先生を支える奥さんは大変であったと思います。しかし母性で先生を支え、心傷ついた少年たちにも母親代理として充分癒しを与えられたんだと強く思います。

虹には七色ありますが家庭学校は七つの寮舎がありました。それぞれの職員の趣を異にしながら七色が輝いていたように思います。藤田俊二先生の存在があり、家庭学校は光を増しました。そして留岡清男理事長、谷昌恒校長、他の先生方の存在があり、先生は光を放つことができたんだと思います。先生の最期の言葉はすべてを語っていると深く涙しました。

個人的には昭和四十五年から今に至るまで事あるごとに励ましの手紙を頂きました。先生の温かい支えを感謝しています。」

二　父母、下関の母への感謝

父・母のこと

平成二十年八月十九日〜二十一日の期間、山口県主催で全国児童自立支援施設（元、教護院）少年野球大会が行われました。

私は会長挨拶の中で、少年たちに、広島カープの故津田恒美投手の話をしました。彼はこころざし半ば、脳腫瘍で他界した「炎のストッパー」と言われた闘魂の人であったこと、少年時代には逞しい魂を培い、純粋な精神を持ち続けてほしいと訴えました。

山口県は私の故郷です。青年期に心配をかけた、今は亡き親父お袋に、「最後までこの仕事をやり通したよ」と夏の空を見上げながら報告し、少年時代を思い出していました。大学を商学系大学から福祉系大学に編入学したり、大学を休学し家庭学校に一年実習したりと不安定な青春時代の私の生き様を見て、親父は苛立ちと共に怒り、お袋は深い哀しみと涙でこれからどのようになるのだろうと案じていました。

一路到白頭、教護一筋でやりぬくことができたのは、厳しかった親父や慈しんでくれたお袋が、いつまでもかわらずに私を温かい思いやりでつつんでくれたこと、そしていつも誠実に少年たちに関わり、私を支えてくれた妻の存在があってのことでした。

次の父からの手紙は、昭和四十六年の一月、家庭学校実習を終えようとしていた私宛のものです。先にも述べましたように、家庭学校での一年の実習は父母の了解を得たものではありませんでした。

母からの手紙

「桜の花の満開をすぎましたが、肌寒い日がつづくかと思うと気温が上昇したり、まったく変化の激しい昨今です。

北海道の方は、まだ雪が降っている地方があるとか、その後も元気で過ごしていることと思います。当地を立って便りがあるかと思いましたが、なかなかないので心配していましたが、やっと便りが有りました。お父さんもびっくりした様子でしたが、親の許しを受けず自分勝手な行動はいけないことだと申されていました。大して立腹もされませんでした。責任を持って一年間、そちらですごすことを祈ります。

自ら求めて苦難の道を歩く心理は私には理解できかねるのですが、若いだけに人生に対する情熱が強いのだと思いますものの安らかな人生行路を歩んでほしいと願っています。

ともかく一年間休学してしまったからには、その学校で先生方より色々な面から吸収出来るものは学び取り立派な人間となって元気に帰って来ることを毎日祈っています。
若い学生間では得られないものを多く手にしてくることと信じています。あなたが決めた1年間が人生のプラスになるように努力して下さい。
くれぐれも体を大切にして下さい。時折は便りをくれる様にして下さい。心配ですからくわしい様子も報せてください。

さようなら
母より

達朗様
昭和四十五年四月
そちらのどなたにお便り差し上げたらよいかわかりません。報せて下さい。」

父からの手紙
「年末年始を通じて、例年にない暖冬続きであるが、正月五日は消防団の出初式は、約三〇センチ位の大雪でいまだに山々をはじめ日当たりの悪い田畑は雪に埋もれている状態。然し二、三日は室内でも暖房のいらないような温かさです。それに引きかえ北海道は連日酷寒のことと思う。然し元気でやっているとのことで何より。親の反対を押し切って無断で自らの選んだ道、人を裏切れば必ず悪い報いが来ることは、幾多の事例が証明している。
自分が蒔いた種は自分が刈り取ることが必然であろう。その点、或意味では自分にとっては一年間の経験を通して種々教訓を得ただろうし、またそれを最高に生かすべきと思う。

然し、休学を決断した過程において順序を誤った事実は、親として赦し難い。独立した人間ですら、親・兄弟の意見を聞いてアドバイスにより方向を決めることが人間としての常識であるのに、親の経済的援助を受けつつある、また将来も受ける必要のある未完成の人間がとるべき態度ではない。

「過ぎたるは、なお及ばざるがごとし」という、「やり過ぎ出過ぎの行為は、至らぬものより尚つまらぬ」と戒めている。客観情勢に立って自己を見極め自己を律することは、お前にとって、将来の幸不幸を支配決定づける課題であろう。

デンマークの文学者であり人間哲学者として世界的に有名なアンデルセンは、次のように言っている。「自分をよく知ることは、真の進歩である」と。

人間すべて、人格形成のため、（真・善・美）、（偽・悪・醜）の要素が内在している。その要素をいかに調整していくかによって、その人が善人にもなり、悪人にもなるという教訓である。

随分、説教がましいことを列記したが、お前の過去の無軌道ぶりは許しがたいが、今後重ねてこうした行動のないように強く戒めておく。

母さんも、お前のことが気になって夜もろくろく眠れないらしく、随分顔にしわがふえてきた。健闘を祈る。

急ぎの間に

昭和四十六年一月十二日

父より

達朗　どの」

下関の母のこと

下関の母・シズノは私の妻の母です。早くに夫を亡くし、小学校の教諭を定年近くまで勤め上げた人でした。

心やさしい方で私たちを終生支えてくれました。関門海峡の見える高台に住まいはあり、私は妻や子どもたちを連れて夏休み、冬休みを過ごしたことを思い出します。昨年母は九十歳で生涯を終えました。

母からは多くの励ましをいただきました。

母は俳句を愛する人でもあり、私たちのところにしばらく滞在して後、「夏の畑 流汗悟道の道険し」の俳句を歌われていました。生徒も、共に汗して導こうとする職員の私も、そして支える娘も孫である三人の子供たちも大変であろうと察しての句でした。

下関の母からの手紙

「一雨毎に、春めいてまいりました。

達朗さん、先日は御多忙の中を、ご帰関下さって、大変ありがとうございました。

先日帰られた時に、教育のむずかしさを話しておられましたが、心得えていらっしゃるとは存じ乍ら申し添えます。

転勤されて〝郷に入っては郷に従え〟この諺も忘れないで下さいね。

私が過去、文関小学校勤務時代に仕えた名校長高崎正夫先生は教育の仕方を次のように教えて下さったことがあります。

―子どもはそれぞれの長所を持っている。その長所をよく見つけてほめてやる。長所を引き出して、しっかりほめてやる教師になるように。

しっかりほめてやることにより、その良い枝葉はぐんぐん伸びていく。そうしていると、短所、悪い枝葉はだんだん小さくなり消えていくものだ―

と教えて下さったのです。この方法は確かにいいと思いました。

私も叱り方ほめ方はいろいろ勉強しました。昔から七つ褒めて三つ叱れとか言われたように、叱るより褒めることは確かに効果的でした。褒めると言ってもお世辞的いつわりでは駄目ですが。私が言うまでもなく、現職のあなた方が百も承知ですのに御免なさいね。お婆さんのひとり言も他山の石と思って、教育方法を考えてみて下さい。

ではくれぐれも御大切に。達朗さんが生徒を叱ることは、あなたの体の為にもよくないですし圭子の体にもストレスとなって病気の治りはひましに悪化します。どうぞよろしくお願いします。テレビ放送であった言葉〝怒ることは命を短くし、逆に笑うことは寿命を伸ばす〟。

達朗さんやあなたの家族の事を思えばこそ、遂いやな事も書いてしまいます。お許し下さいね。

家族が健康で気楽な平和な家族を築いてもらいたいと願う母の気持ちです。

達朗さんは生徒に全力投球し過ぎでしょう。そうなると妻も多忙になるでしょう。

昭和六十三年三月十二日」

三　私を支えてくれた妻のこと

少年たちは保母をどのような存在としてとらえていたのだろうか、英典と保母の交換日記のあの少年は、

『何度か、「逃げる」という考えが頭の中をよぎりましたが、先生の奥さんである保母先生の励ましが思いを止めました。』と、

独白しています。保母の存在は少年たちを母性で包み込む優しさが要求されますが妻もそのような役割を果たしていたのだと思います。

又もう一人の真一朗は四十六歳になった今、昔を振り返り保母を私たち生徒の代弁的な存在であったと、互いの起居生活の中では保母が一番の過酷な立場であったと記述しています。

『私たち生徒の代弁的な存在であったと思います。今思えば、先生の教育指導と生徒の心情を考えバランスをとられていたんだなと思います。私を含め生徒・先生より保母先生が一番つらく過酷であったかもしれません。子供が父親に叱られ母親が守り助言する・温

かいものを自然に感じていたように思います。』

このような具体的な文章を読むと妻の存在が如何に大切であり、自分の子供の養育を含めてのきめ細かい係わりを要求される母親代理の立場は大変であったことを思います。

私は北海道家庭学校を支柱にして実践しただけに、学園の組織の中でも、少年たちの動機づけからも保母として大きな役割を果たしてくれたと思います。

出版お慶び申し上げます

元滋賀県立淡海学園長　平林義夫

この度、西田さんが人生をかけて児童自立支援事業に携わってこられた集大成として書物を出版されることになり、友人として拙文を寄稿する機会を与えられ、大変恐縮しています。

私は、滋賀県立淡海学園に勤務しておりましたが、当時、彼が勤務していた兵庫県立明石学園時代に彼と知り合いになりました。

彼は駅伝の監督としてこの施設の近畿の駅伝大会で、常にチームを優勝に導く指導力や機関誌『非行問題』の投稿文「少年たちの代弁」で文献賞を獲得する等の活躍でした。いつだったかは忘れましたが、ある会合の後の懇親会の席で、たまたま彼と話をしている内に私と生年月日が同じであることを知ったことから急に親近感を覚え、それ以来ずっと懇意にしていただいています。

彼のこの仕事に対する信念・情熱は、大学を一年間休学をして実習された北海道家庭学校で学び得られたものと思われます。「暗渠の精神」、「流汗悟道」、「一路到白頭」等の先達の箴言を正に実践され、そして成果を納めて来られました。このことは、本書に登場する多くの退園生の人達が証明されていることと思います。

常に少年たちに寄り添い、厳しさの中にあっての優しさで、妻であり仕事のパートナーとしての奥さんと二人三脚で夫婦制の家庭寮で定年退職まで頑張って来られました。更にそれだけにとどまらず、施設長（三重県立国児学園）を務めながら、全国児童自立支援施設協議会の会長として全体をまとめた力量には、只々恐れ入るばかりです。

退職後は、野菜作りに精を出しながら、奥さんと共に、ある退園生のアフターケアーに積極的に取り組んでおられます。このような姿勢にふれるにつけ、西田夫婦のこの仕事への情熱は今も沸々と燃え続けていることを実感しています。

本書が、福祉事業に携わることを目指している学生や現場で日々ご苦労されている人たちに光を与えてくれることは間違いないことと思います。

この度の出版を友人の一人として心よりお慶びいたします。

西田達朗（にしだ　たつろう）

昭和24年　山口県に生まれる。昭和42年熊本商科大学商学部入学、44年日本福祉大学社会福祉学部編入学、45年3月から46年2月休学して、北海道家庭学校で実習、48年日本福祉大学卒業。49年兵庫県立明石学園赴任、60年三重県立国児学園赴任、平成14年国児学園長、19年全国児童自立支援施設協議会長、21年3月退職。著書に「少年たちの代弁」（全児協『非行問題』）、『俺たちの少年期』（共著・法政出版）、「少年たちと人生を語り合える日まで」（21世紀の社会福祉実践、福祉最前線からのレポート、日本福祉大学）「児童の自立支援について」（共著『犯罪心理臨床』金剛出版）

少年たちとの日々

人間は鍛えなければいけない時がある

——児童自立支援施設の実践

2015年10月20日初版印刷
2015年11月15日初版発行

著　者　西田達朗
発行者　中桐信胤
発行所　三学出版有限会社
〒520-0013　大津市勧学二丁目13-3
（TEL/FAX 077-525-8476）
http://sangaku.or.tv

---

fe.15,1111 DTP nn
亜細亜印刷（株）・製本